工科类专业本科教学创新研究

路朝阳 主编

化学工业出版社
·北京·

内容简介

本书基于工科专业本科教学现状、教学创新和教学改革的必要性，系统分析四年制科创法、四维度交融教学模式对教学的促进作用及实施措施，新工科背景下本科毕业设计改革现状及实施措施，本科生硕士化培养方案改革方向，教学竞赛以及竞争意识的培养对教学和教师的要求，详细介绍网络教学和基础实验对本科生创新能力培养的重要作用，以期为新工科建设策略提供思路。

本书可供高等院校教学人员和工科类教育人员参考使用。

图书在版编目（CIP）数据

工科类专业本科教学创新研究/路朝阳主编．—北京：化学工业出版社，2024.5
ISBN 978-7-122-45478-2

Ⅰ.①工… Ⅱ.①路… Ⅲ.①工科（教育）-教学研究-高等学校 Ⅳ.①G642.0

中国国家版本馆CIP数据核字（2024）第079663号

责任编辑：孙高洁 刘 军　　　　　装帧设计：王晓宇
责任校对：田睿涵

出版发行：化学工业出版社（北京市东城区青年湖南街13号　邮政编码100011）
印　　装：北京建宏印刷有限公司
710mm×1000mm　1/16　印张6　字数90千字
2024年7月北京第1版第1次印刷

购书咨询：010-64518888　　　　　　　售后服务：010-64518899
网　　址：http://www.cip.com.cn
凡购买本书，如有缺损质量问题，本社销售中心负责调换。

定　价：98.00元　　　　　　　　　　　　　　版权所有　违者必究

本书编写人员名单

主　编：路朝阳

副主编：梁小玉　蒋丹萍　张志萍

参　编：荆艳艳　岳建芝　张　寰　李亚猛　张　洋

　　　　张　甜　朱胜楠　王广涛　孙　鹏

前言

新工科建设是国家为适应新时代发展需求而提出的一项持续深化工程教育改革的重大行动计划，工科类专业本科教学成为重要的主战场，工科类专业本科教学创新研究成为教学研究热点。

作者及其团队在中国高等教育学会2022年度高等教育科学研究规划课题重点项目（22WL0306）、教育部产学合作协同育人项目（220901212290339、220901212294637）、河南省高等教育学会高等教育研究重点项目（2021SXHLX142）和河南农业大学教育教学改革研究与实践项目（2022XJGLX069）等教学研究项目的资助下，长期开展工科类专业教学创新研究，在工科类专业本科生创新创业、教师教学竞赛、本科生毕业设计改革等方面取得了一些成绩，在国内外相关期刊上发表了多篇教学研究论文，主持了多个省部级教学研究项目，研究成果对工科类专业教学发展起到了积极的推动作用。

本书是作者及其团队对工科类专业本科教学研究的成果总结。全书共分为9章，比较系统地从理论、方法等方面介绍了工科类专业教学研究。在概述工科类专业本科教学创新研究意义的基础上，详细介绍了"四年制科创法"本科教学创新研究、新工科本科毕业设计改革创新研究、本科生硕士化培养创新研究、教师教学竞赛对工科类专业本科教学的促进作用、网络教学对工科类专业本科教学的促进作用、竞赛机制对工科类专业学生的内在驱动力、基础实验对工科类专业本科生创新能力的培养等内容。期望本书能为工科类专业教学领域的教师和学生提供一点教学和学习上的帮助。

全书由河南农业大学路朝阳教授主笔，梁小玉博士、蒋丹萍教授和张志萍教授等完成全书审稿，农业农村部可再生能源新材料与装备重点实验室的荆艳艳、岳建芝、张寰、李亚猛、张洋、张甜、朱胜楠等老师和王广涛、孙鹏等研究生也对本书的完成付出了辛勤的劳动。

由于作者水平有限，书中难免存在不足之处，敬请广大读者批评指正。

路朝阳

2024 年 3 月

目录

第 1 章
工科类专业本科教学创新研究意义
001~006

1.1	工科类本科生培养目标	002
1.2	工科类本科教学现状	002
	1.2.1　教学内容	002
	1.2.2　教学方式	003
	1.2.3　教学资源	003
1.3	工科类教学改革意义	004
	1.3.1　教学内容的改革	004
	1.3.2　教学方式的改革	005
	1.3.3　教学资源的应用	005
参考文献		006

第 2 章
"四年制科创法"本科教学创新研究
007~018

2.1	工程类专业教学现状	008
	2.1.1　教学目标不能满足新工科教学要求	008
	2.1.2　实践应用能力有待提高	008
	2.1.3　教学模式的局限性	009
	2.1.4　大学生创新创业的局限性	009

2.2	"四年制科创法"对教学的促进作用	009
	2.2.1 使学生主动思考	010
	2.2.2 使学生系统掌握科研创新实践知识	010
	2.2.3 提高教师教学质量	011
	2.2.4 提高学生的创新能力和专业技能	011
2.3	教学改进措施	012
	2.3.1 提高师资力量	012
	2.3.2 拓展教学模式	012
	2.3.3 加强科学研究与教学的结合	013
	2.3.4 结合创新类竞赛	014
	2.3.5 调整年级教学方案	015
参考文献		016

第3章 "双一流"建设背景下新工科类本科毕业设计改革创新研究

019~032

3.1	工科类本科毕业设计现状	020
	3.1.1 设计周期短，难以深入研究	021
	3.1.2 选题方向有限，难以激发学生热情	021
	3.1.3 考研择业时间冲突，难以全面兼顾	022
	3.1.4 实践操作少，难以切实培养学生	022
3.2	工科类本科毕业设计定位	022
	3.2.1 毕业设计是理论知识的实践过程	023
	3.2.2 毕业设计可以培养学生的实践创新能力	023
	3.2.3 毕业设计为升学和就业奠定基础	024
3.3	工科类本科毕业设计改革措施	025
	3.3.1 依据工科专业特点，合理安排毕业设计时间	026

3.3.2 依据导师研究方向，科研与爱好
　　　　　 相结合　　　　　　　　　　　　026
　　　3.3.3 提高思想认知，激励学生全程参与　027
　　　3.3.4 结合毕业设计方向，积极参加学术
　　　　　 竞赛　　　　　　　　　　　　028
　　　3.3.5 培养学生科研思维，积极主动探究
　　　　　 知识　　　　　　　　　　　　029
　参考文献　　　　　　　　　　　　　　　030

第 4 章 工程类专业本科生硕士化培养机制研究
033~042

4.1　本科生的培养方案定位　　　　　　　　034
　　 4.1.1 本科生与高中生培养方案区别　　　034
　　 4.1.2 本科生与研究生培养方案区别　　　034
　　 4.1.3 普通高校与国内一流高校本科生培
　　　　　养方案差异　　　　　　　　　　035
　　 4.1.4 普通高校与国际一流高校本科生培
　　　　　养方案差异　　　　　　　　　　036
4.2　普通高校工程类专业本科生培养方案的问题　037
　　 4.2.1 高中培养方案的延续化　　　　　　037
　　 4.2.2 后续培养的断层化　　　　　　　　037
　　 4.2.3 本科生知识学习的被动化　　　　　038
4.3　普通高校工程类专业本科生培养方案改革　　038
　　 4.3.1 提高科研在本科生培养方案的比重　038
　　 4.3.2 提高创新创业在本科生培养方案的
　　　　　比重　　　　　　　　　　　　　039
　　 4.3.3 提高企业实践在本科生培养方案的
　　　　　比重　　　　　　　　　　　　　040

		4.3.4	提高人文思政在本科生培养方案的	
			比重	041
	参考文献			041

第 5 章 工科教学竞赛：促进新工科教学创新的关键
043~052

5.1	工科教学竞赛目的	044
	5.1.1 以赛促学	044
	5.1.2 以赛促教	044
	5.1.3 以赛促改	045
	5.1.4 以赛促研	045
	5.1.5 以赛促建	046
5.2	工科教学竞赛过程	046
	5.2.1 教学设计方案	046
	5.2.2 说课环节	046
	5.2.3 课堂教学	047
	5.2.4 专家提问	047
5.3	工科课程竞赛对教师教学技能的要求	048
	5.3.1 擅于整理课堂教学设计思路	048
	5.3.2 擅于将课程思政与教学有机融合	048
	5.3.3 具备专业知识讲授能力	049
	5.3.4 擅于将专业知识融会贯通	049
5.4	工科课程竞赛对新工科课程教学的促进作用	050
	5.4.1 强化课程教学设计	050
	5.4.2 强化教学课程思政	051
	5.4.3 强化专业知识讲授能力	051
	5.4.4 强化课本知识与专业知识的结合	051
参考文献		052

第 6 章
网络教学在工程类专业教学中的应用
053~058

- 6.1 网络教学诞生的原因 054
  - 6.1.1 实现优质教育资源网络共享 054
  - 6.1.2 实现远程教学 054
  - 6.1.3 顺应新时代潮流 054
- 6.2 高校工程类专业网络教学常见的方式及特点 055
  - 6.2.1 传统网络教学 055
  - 6.2.2 网络开放课程 055
  - 6.2.3 网络直播面授 056
  - 6.2.4 复合式网络教学 056
  - 6.2.5 网络在线教务工作 056
- 6.3 工程类专业网络教学的发展方向 057
  - 6.3.1 升级网络教学服务器 057
  - 6.3.2 创新网络教学模式 057
  - 6.3.3 提高网络教学质量 057
  - 6.3.4 提高教学服务团队质量 058
- 参考文献 058

第 7 章
竞争意识驱动工程类专业教学过程的研究与探索
059~066

- 7.1 工程类专业本科阶段竞争意识培养渗透专业课程教学的现状 060
  - 7.1.1 教学模式单一滞后 060
  - 7.1.2 教师在传统教学中占据主导地位 060
  - 7.1.3 学生学习存在局限性 060
- 7.2 竞争意识的培养在工程类专业课程学习中发挥的作用 061
  - 7.2.1 促进工程类专业教学模式改革 061
  - 7.2.2 发挥学生主体性作用 061

		7.2.3 加强团队内部与团队之间交流	061
	7.3	竞争意识的培养在综合能力提升中发挥的作用	062
		7.3.1 使学生主动思考	062
		7.3.2 培养学生创新思维	062
	7.4	激发创新活力、培养竞争意识的全面措施	062
		7.4.1 优化教学模式	062
		7.4.2 加强竞赛与竞争意识的结合	063
		7.4.3 组织宣讲活动	063
		7.4.4 完善管理考核制度	063
	7.5	培养竞争意识时需注意的问题	064
		7.5.1 引导竞争与合作相结合	064
		7.5.2 合理利用竞争方式方法	064
		7.5.3 正确看待竞争结果并准确归因	064
		7.5.4 正确理解培养竞争意识	065
	参考文献		065

第 8 章 基础实验对大学生创新能力培养的研究
067~074

8.1	新工科背景下对人才培养的要求	068
8.2	基础实验对人才培养的要求	069
8.3	基础实验对大学生创新能力的培养	071
参考文献		073

第 9 章 四维度交融教学模式在工程类专业教学中的创新与实践
075~081

9.1	改革目标及内容	076
	9.1.1 改革目标	076
	9.1.2 改革内容	078

9.2　实施方案　079
9.3　实施过程　080
参考文献　081

第 1 章 工科类专业本科教学创新研究意义

1.1 工科类本科生培养目标

工科类专业本科生教学为培养具备坚实的自然科学、社会科学和机械工程专业基础知识,掌握经济与管理理论和方法,具有国际竞争力、系统思维和运筹帷幄能力,致力于提高工业和服务体系效率的高级复合型创新人才[1]。毕业生应该具备分析与管理能力,能够从事工业工程领域的教学、科研或制造企业生产运营管理与实践工作。要有系统性的思考,要有批判性的思考,要有创新的精神,要有沟通的能力,这样学生的专业素养才能得到系统的提升。此外,还要有全球化视野,通过终身学习来适应快速发展的社会和技术进步。

1.2 工科类本科教学现状

随着科技的飞速发展和全球化的推进,工科类本科教学在培养具有创新能力和实践经验的工程技术人才方面发挥着重要作用。然而,在实际教学中,仍有一些问题需要解决。本节将从教学内容、教学方式和教学资源等方面分析工科类本科教学的现状。

1.2.1 教学内容

目前,工科类本科教学内容主要集中在基础理论和专业知识的学习上,但随着科技的发展和产业结构的调整,传统的教学内容已经无法满足实际需求。具体来说,存在以下问题:

① 教学内容与实际需求脱节。许多课程的内容仍然停留在过去的知识体系上,没有及时更新,导致学生无法掌握最新的工程技术[2]。

② 缺乏实践性和创新性。工科类本科教学要注重实用性和创新性,但实际上很多课程还是偏重于理论教学,实验课程和实践环节较少,导致

学生缺乏动手能力，缺乏创新思维。

③ 缺乏综合素质的培养。工科类本科教学应该注重学生的综合素质培养，包括团队合作、沟通能力、人文素养等方面。但很多课程只注重传授专业知识，而对其他素质的培养则不够重视。

1.2.2 教学方式

教学方式是影响教学质量的一个重要因素。目前，工科类本科教学主要采用传统的教学方式，重心在于老师授课，学生被动地接受知识。诸如此类的教学方法存在以下几个问题：

① 缺乏互动性。学生与教师之间少了由教师引导学生主动学习教学互动，导致学生没有活力和创造性。

② 缺乏个性化和差异化教学。每个学生都有不同的学习能力和兴趣爱好，但传统的教学方式很难满足每个学生的需求，导致一些学生无法充分发展自己的潜力。

③ 现代科技运用的欠缺。随着信息化的发展，在高校教学中逐步应用了网上教学、翻转课堂等多种新型教学方式。但实际上，许多工科类本科教学仍然采用传统的教学方式，缺乏现代技术的应用。

1.2.3 教学资源

充足的教学资源是教学质量得以保证的重要条件之一。现有师资力量、教材、实验室、图书室等为工科类本科主要教学资源。然而，在实际教学中，存在以下问题：

① 教师数量不足。随着高校招生规模的扩大，教师数量相对不足，导致一些课程无法开设，或者由非专业教师教授，影响教学质量。

② 实验设备不足。工科类本科教学需要大量的实验设备来支持实践教学。然而实际上，一些高校实验设备相对不足，导致学生无法充分锻炼自己的实践能力。

③ 教材更新缓慢。随着科技的发展，新技术和新理论不断涌现，但一些教材内容相对滞后，无法跟上科技发展的步伐。这导致学生无法掌握最新的工程技术知识。

综上所述，工科类本科教学在教学内容、教学方式和教学资源等方面仍有一些问题需要解决。为了提高教学质量和培养具有创新能力和实践经验的工程技术人才，高校应加强教学改革和创新，更新教学内容和方式，加强实践教学和现代技术的应用，提高教师素质，完善教学资源配置等方面的工作。

1.3 工科类教学改革意义

针对目前工程类教学存在的问题，下面主要从教学改革内容、教学改革方式、教学资源应用等方面探讨工科类教学改革的意义[3]。

1.3.1 教学内容的改革

工科类本科教学应注重培养学生的创新思维和实践能力，以适应科技的发展和产业结构的调整。培养创新型工程技术人才，关键在于教学内容的改革。传统的授课内容往往只注重理论知识的传授，而忽视了实践和创新能力的培养。所以，改革教学内容要从以下几个方面着手：

① 加强练习环节。实践是培养学生创新思维的重要方法，也是培养学生动手能力的重要措施。教学内容应增加实践环节，包括课程实验、课程设计、毕业设计等，让学生有更多的机会参与实践，提高其解决实际问题的能力。

② 更新教学内容。随着科学技术的发展，新技术、新理论不断涌现，为跟上科学技术的发展步伐，需要及时更新教学内容。还要把学科交叉的知识融入到教学中去，这样学生的知识面才会更宽。

③ 引入案例教学。案例教学是一种以实际问题为载体，通过分析、讨论和解决实际问题来提高学生综合素质的教学方法。将案例教学引入工科类本科教学，能够帮助学生对理论知识有更好的理解，提高学生分析问题和解决问题的能力。

1.3.2 教学方式的改革

教学方式是影响教学质量的一个重要因素。被动地让学生接受知识的传统教学方式是以教师为中心,这对培养学生的创新思维和主动性是没有好处的。所以在教学方式改革上,要从以下几个方面着力:

① 采取启发式教学。启发式教学是指激发学生的学习兴趣和主动性,通过引导学生思考、提问等方式进行。在工科类本科教学中采用启发式教学,可以帮助学生更好地理解知识,提高其思维能力和创新能力。

② 强化互动式教学。互动式教学是指通过教师与学生之间的沟通与探讨,促使学生了解知识、掌握知识。在工科类本科教学中加强互动式教学,可以增强学生的参与感和主动性,提高教学效果。

③ 运用现代技术手段。目前,网络教学、翻转课堂等现代技术手段逐步应用于高校教学中。在工科类本科教学中运用现代技术手段,可以突破时空限制,提高教学质量和效果。

1.3.3 教学资源的应用

工科类本科教学需要大量的教学资源来支持实践教学。在教学资源的运用上,应该注意以下几个方面的问题:

① 加强实验室建设。实验室是学院本科工程专业教学的重要场所之一。加强实验室的建设,包括实验设备的更新、实验环境的改善等等,能够给学生提供更好的条件,使学生的动手操作能力得到提高。

② 建设校外实习基地。校外实习基地是培养学生动手操作能力的重要场所之一。校外实习基地的建设,能够为学生更好地了解所学知识、运用所学知识提供更加真实的实习环境。

③ 构建数字化教学资源库。数字化教学资源库存储数字化教学资源,如网络课程、多媒体课件、案例库等。数字化教学资源库的建设能够为学生提供更加丰富的学习资源和途径,使学生的学习效果和学习体验得到提升。

综上所述,培养具有创新能力和实践经验的工程技术人才,工科教学改革意义重大。通过教学内容、教学方式、教学资源应用等方面教学改革措施的实施，可以有效提高学生的综合素质和创新实践能力，培养出更多的高素质工程技术人才，以适应社会经济发展的需要。

参考文献

[1] 张炜. 新工科教育的创新内涵与美国工科教育的观念演变 [J]. 中国高教研究，2022 (1): 1-7.

[2] 李亚猛，张志萍，路朝阳，等. 工程教育专业认证背景下热工基础课程教学改革探索 [J]. 中国现代教育装备，2022 (23): 74-76.

[3] 别敦荣. 大学课堂革命的主要任务、重点、难点和突破口 [J]. 中国高教研究，2019 (6): 1-7.

第 2 章 "四年制科创法"本科教学创新研究

新工科建设背景下对工程类专业教师教学和学生学习提出了新要求，单一的教学模式已经不能很好地满足大学生的培养要求。"四年制科创法"可以将枯燥乏味的理论知识通过生动具体的科学研究、创新竞赛即科创活动展现出来。科学研究、创新竞赛、教学、学习是一个有机整体，科创活动可以及时掌握专业前沿动态，为教学与学习提供方向与目标，教学为科创活动提供理论知识，学生学习后为科创活动助力，循环往复，形成系统，促进课程教学改革[1]。教学在科学研究的润色下使学习更有成效。工程类专业是典型的工科类专业，本章以工程类专业为例介绍"四年制科创法"本科教学研究。

2.1 工程类专业教学现状

工程类专业传统的教学模式、教学目标、培养方向有待进一步完善。教学模式传统单一，教学目标脱离互联网背景，培养方向脱离社会需求，学生能力得不到提升，教学改革需要进一步推进。

2.1.1 教学目标不能满足新工科教学要求

新工科培养要求是在新时代发展下为国家与社会输入新型人才，培养具有较强实践动手能力、创新探索能力且有高素质、国际视野的工科人才。新工科教学以社会新技术或领域为目标导向，强调学科的实用性、交叉性与综合性。工程类专业不仅要求学生要在本学科具有深入学习的能力，还要求学生具有持续学习的能力。目前本专业培育方式还不能满足新工科教学要求，学生缺乏实践动手能力和创新创业能力，高校对实践创新理解有偏差，以致学生对学习积极性不高。

2.1.2 实践应用能力有待提高

工程类专业要培养学生的实践能力，培养满足国家需求的工科人才。现阶段工程类专业在教学中存在师生课下交流少、学生缺乏创新意识和实践能力等问题。本专业授课方式多为课堂教学，师生只会在课堂上进行简单互动交流，学生基本只能通过课堂了解专业的理论知识；其中专业课程安排有少量课时的实验课程，实验课迫于课时限制，无法系统深入地开展；除了工程训练几乎没有其他实习，而这些实验课程的设计只能在一定程度上使学生加深对理论课程的理解，不能满足学生对动手实践能力的需求[2]。

2.1.3　教学模式的局限性

工程类专业下设多门基础课程、选修课程和核心课程。专业难度大、知识广，专业课程内容多、课时短，实验课时少是该类专业面临的问题。繁重的教学任务和较短的课时量使得教师在课堂上更偏向于对专业理论知识的讲解，忽略了科创实践活动；学生则为了应对考试，机械性地学习，思维得不到启发，对科研创新实践的探索很难产生兴趣[3]。

2.1.4　大学生创新创业的局限性

在工程类专业教学中，课堂教学侧重于讲解专业知识，对相关科研创新实践介绍很少，实践课堂难以实现，导致学生对科研创新实践的积极性不高。部分大学生对学习保持一种"只求不挂"的心态，对专业基础课、核心课程学习不到位。学生个人专业能力不足，教师的精力有限，不能使所有的同学参与到科研项目中，导致学生对科研创新实践的参与度严重下降。忽视了对大学生创新创业教育观的培养，大学生创新创业课程多为线上录播课程，导致学生"划水"现象严重，不能达到课程培养学生创新创业精神的目的，创新意识缺乏；在校大学生未真正步入社会，不了解社会实际状况，对行业的要求不了解，难以满足社会发展需求[4]。

2.2　"四年制科创法"对教学的促进作用

科研创新实践即在一定的时间、特定的条件下，通过实验分析获得新的突破。科研创新要有前沿性，要不断探索，发现新领域、新知识，灵活进行科研创新实践；科研创新要有创新性，这要求科研人员要有创新能力和创新精神；科研创新需要一个持续的研究过程，科研人员要有一定的基础才能高效地进行科研创新实践[5]。

2.2.1 使学生主动思考

工程类专业因其专业特性在教学中不能缺少实验课程。传统的实验教学均为验证性实验，即先进行课堂教学，课程结课后再进行实验教学。科研创新实验与传统实验是有差别的，科研创新实验的实验数据、实验结果都是无法预知的，充满了未知与探索，这对培养学生独立思考能力会有很大的帮助。将科研创新实践融入到学习的前提是教师将科研创新实践融入到教学中，这需要教师长期且持续地进行科研创新实践，通过课堂教学与学生交流本学科前沿进展。探究式教学将理论和实践很好地结合起来，创造了教师和学生共同合作的机会[6]。

学生通过课堂了解科研创新实践、参与科研创新实践；通过查阅资料、实际动手做实验，锻炼了学生实践操作能力；在科研创新实践过程中遇到问题、分析问题，培养了学生独立自主思考问题的能力，也提升了学生处理问题的能力。科研创新实践是学生探索未知的一个载体，有利于拓展思维、打开新世界，与新工科建设背景下的培养目标相符，并为学生真正成为科研人奠定基础。换而言之，参与科研创新实践有助于培养学生的自主思考能力，有助于学生更好地自主发展。

2.2.2 使学生系统掌握科研创新实践知识

工程类专业要培养专业能力足够强的复合型新工科技术人才，所以学生拥有过硬的专业知识和科研创新实践知识是非常有必要的。以能源与动力工程类专业为例，如果学生系统掌握科研创新实践知识或在本科阶段参与科研创新实践项目，则会对以后从事生物质能、热能、太阳能等能源与动力工程类相关研究有很大的帮助。本科生的学习主要依托于教材，而目前大多数教材已不能满足科研创新实践的需求，落后于科研创新实践进展。参与科研创新实践可以轻松掌握该研究方向的最新研究成果、方法，及时将科研创新实践成果与理论知识相结合并总结掌握，自我的科研创新实践知识和学科知识体系也会不断地更新发展。

2.2.3 提高教师教学质量

教师从事科研创新实践，能够掌握最新科研知识及研究成果，将科研创新实践知识与教学内容相结合，可以纠正学生考完就忘的不良习惯，拓宽学生眼界，使学生全面了解并掌握学科专业内容，更好地满足社会的需求。如果教师只是一味地按照课本或 PPT 讲解，这样的课堂不仅枯燥无味，而且会因为跟不上信息化背景下科研发展步伐，导致学生学习到的知识与专业发展脱节。教师把科研知识贯穿于课堂，有助于学生了解本专业前沿知识，激发学生对科研的向往，为学生进入实验室并参与科研创新实践打下基础。学生将在科研创新实践过程中遇到的问题及时反馈给老师，老师又可以把问题放在课堂上讲解，解决学生问题的同时激发了学生参与科创的积极性，形成一个系统的良性循环。

在信息快速发展的今天，学生可以通过多种渠道获取资料。鼓励学生主动翻阅文献，激发他们对科创的兴趣。学生参与科创项目后，能有效加强对专业知识的深度掌握。在实验过程中学习到课堂上从未接触过的知识，在科创中结合理论知识进行教学，做到科创中有教学、教学中有科创，教师的科研与教学任务两不误。因此，科创对教学效果及教学质量都有很好的帮助，不仅能够丰富教学内容还能提升教学质量。

2.2.4 提高学生的创新能力和专业技能

传统的教学模式单一乏味，课程内容抽象不具体，学生对学习提不起兴趣；高校科研实验室开放性不高，导致本科学生科研创新实践参与率低，科研实践平台利用受限，这些都不利于培养大学生的创新能力。科研创新实践是培养学生创新能力和主动学习能力的有效途径。科创小组能够在实验探索中开发学生的创新思维，激发学生的求知欲，使学生个人在团队中发挥相应的作用[7]。

工程类专业对学生使用计算机软件有一定要求。传热学、流体力学等专业基础课程对数据处理要求很低，教材的数据已经过简化处理，对学生的计算能力一般不作要求，学生自觉性不高，不会使用专业相关软件，对日后发展造成影响。在科创活动中，实验结果需要进行处理分析，这必须运用计算机软件，学生通过参与科创能够熟练运用专业相关计算机软件，从而提高学生的专业技能。

2.3 教学改进措施

工程类专业现有的课程教学已经不能满足新工科发展的需求，课程教学改革势在必行。以科研促进教学、以科研促进学习不失为一种有效途径，构建工程类专业"四年制科创法"教育实践体系有利于改进现有课程教学。

2.3.1 提高师资力量

基于一项广泛的调查报告显示，教师教学的创新性很大程度上取决于教师自身对创造力的掌握[8]。高校教师既是理论知识的传播者也是科研创新实践的引导者，教学与科研创新实践是教师的两大职责任务。作为知识的传播者，要求教师牢固掌握理论知识、具有较高的综合素质和学习能力，这样才能把知识有效地传递给学生；作为科研创新实践的引导者，要求教师有实践探索能力与创新型思维，拥有自己的科研方向，能够引领和指导学生参与科研，利用科研创新实践提升自我的教学质量。

2.3.2 拓展教学模式

工程类专业课程往往内容繁多复杂，学生经常感到枯燥难懂。Uerz等人[9]研究发现，随着技术的进步，学生更期望教师运用新的教学技术来进行知识的传递。

在互联网和多媒体时代背景下，传统的教学模式已不再适用于"00 后"这一批大学生[9]。以互联网为背景，借助于最新科技，将网络教育、翻转课堂等先进的教学理念融入教学实践中，抓住大学生普遍使用网络这一特点，利用网络开放课程等，让学生随时随地都可以学习，实现"学习自由"；通过媒体平台，努力提高学生参与学习的积极性，让学生在刷手机的过程中完成学习，培养学生的综合能力和个性化发展[10]。利用互联网平台对教学模式做出转变，探索适合当代大学生发展的教学模式，在新模式下采纳学生的建议，不断改善，实现教学模式的转变，使学生更愿意去学习。

2.3.3 加强科学研究与教学的结合

在新工科建设背景下，工程类专业要培养能够适应国家发展的新型人才，这就要求科学研究与教学必须相结合。工程类专业学科交叉性强、综合性高，这使得该类专业研究方向广泛，科研与教学相互作用，推动科研与教学的可持续发展。

科研与教学的结合需要教师加强个人意识，有意识地启发学生、鼓励学生、引导学生参与科研，而不是一味地进行理论知识教学[11]；教授同一门课程的教师研究方向可能存在差异，可以形成"多教一"的教学模式，也就是多位教师分阶段对同一门课程授课，教师在授课中结合自己的研究方向进行讲述，学生可以在一门课程中了解到不同的科研方向，吸引学生参与科研。高校还可以定期举行校内外教授的讲座，通过教授报告会、交流会等形式，拉近教授与学生之间的距离，近距离地交流学科发展前沿动态，这不仅能激发学生对科研知识的求知欲，更能在校园内形成浓厚的科研创新实践氛围。

结合工程类专业特点与课程安排，调整学生理论课与实验课比例，在不影响理论课授课的基础上尽可能安排实验课，让学生真真切切体验到实验的乐趣。专业教师应根据实际授课情况讨论交流，选择合适的实验课程的相关课题，以课程要求及学生兴趣作为重要参考依据，通过实验课程激发学生对科研创新的探索欲，从而提升教学质量和教学效果。

2.3.4 结合创新类竞赛

工程类专业会定期组织很多校级、省级及全国性的创新创业类竞赛，这些竞赛参与人数多、竞争激烈，对学生未来发展会有极大的帮助。但学生对于参赛流程、要求不了解，缺乏创新能力、不够自信等原因，影响了学生参加创新类竞赛的积极性。参加创新类竞赛前期需大胆想象，在教师的指导下确立项目方向，对项目进行一定的预设，这个过程可以激发学生的创新思维；中期可以使学生积极参与科研，促使学生建立完善系统的知识体系，对专业知识掌握得更加牢固；后期研究出科研成果，可以极大地提升学生的信心。参加竞赛的过程中，学生要克服压力和紧张，从而能够磨炼意志；并且，竞赛评委老师多为某领域的专家，会对参赛项目进行指导或提出建议，学生可以借此对自我能力有一个清晰的认识；在科研上取得的成果得到认可，会使学生更有信心继续进行科研，形成正向循环。高校与教师应启发鼓励学生参加竞赛，更好地实现复合型高素质人才培养目标[12]。

参加创新类竞赛不仅有助于提高学生的专业素养和专业能力，也有利于教师教学质量的提升。教师通过带领学生参与科研、参加竞赛，自身科研能力也会有所提升；引导学生查阅文献、总结经验，掌握现有的科研结论，学生不仅提升了自身水平，也可以帮助教师减轻科研压力。以创新类竞赛活动建立符合新工科要求的创新型人才培养模式，可以提高教师与学生的论文写作能力，丰富学生的在校经历。

通过创新竞赛与教学活动相结合，可以让学生在经过课堂教学后主动理解体会课堂内容，从而更好地学习理论知识。以能源与动力工程类专业为例，工程类专业学生可以根据学生兴趣而自主选题，如生物质能发电系统、太阳能发电系统、风力发电系统、蓄冷系统、蓄热系统、智能电网系统；根据自己的项目选择创新竞赛，如全国大学生节能减排社会实践与科技竞赛、中国可再生能源学会大学生优秀科技作品竞赛、全国大学生农业建筑环境与能源工程相关专业创新创业竞赛、"挑战杯"全国大学生学术科技作品竞赛等。参赛过程中，需要对设计作品的设计理念、运行状况等进行阐述，这需要团队成员对项目有足够的了解，对学生的专业知识也是一种考查。无论是哪种比赛，只要投入精力去准备，比赛过程就是一个学习的过程。

2.3.5 调整年级教学方案

工程类专业本科阶段课程多、课时少，调整教学方案对科研有一定的促进作用。以能源与动力工程类专业为例，该专业在大一时主要学习基础课，重在促使学生顺利完成学习方式的转变，适应大学生活。学生在此期间大都还没有接触到专业知识，明显缺乏进行科研的能力。大二期间除了学习基础课外，还会学习工程热力学、传热学专业基础课，从而打下一定的专业基础，但大量的课程导致学生有较少课余时间，学生在理论课程中花费时间较多，所以在科研上就显得有心无力。大三时，学生学习专业核心课程，对本专业发展有了清晰的认识，部分院校还专门开展实验分析相关课程，此时的专业课程还是较多，也只有少部分同学会加入科研，尤其是大三下学期对未来发展已有规划的学生，更愿意把时间精力花费在备考和实习上。大四时期，课程很少，学生的自由时间很充足，但此时学生进行科研略迟，除保送研究生的学生愿意进行科研外，大部分学生更愿意花精力去应对考研和毕业。由此看来，科研参与度与教学方案有很大的联系，调整年级教学方案具有一定的必要性。

在大一新生初入校园时，在帮助学生适应新环境的同时开设创新创业类课程，教师在讲解基础课时也要有意识地培养学生创新探索精神，为将来投入科研做好准备；大一下学期可以开展一门专业基础课程，使学生提前了解专业发展趋势，以备尽早有能力参与科研。大二课时可适当缩短，有助于给学生提供更多自由时间投入科研。大三时，学生要注重专业创新能力的提高，教师要引导学生参与科研，为日后深造或就业提供更加优良的条件。大四时要多关注有保研意向的学生，帮助学生顺利毕业并且在科研上给予指导。针对学生在参与科研中遇到的问题调整教学方案，给予帮助支持，为学生积极投入科研做好准备。

在现有的以理论教学为主的教学方案中，将科研、创新竞赛等活动融入大学生四年学习中，从而让大学生在学习理论知识的同时，掌握理论知识在实践生产中的应用，更早地适应社会发展的需求。大一时，开设创新创业类课程，培养大学生创新意识。大二时，着重培养大学生实验操作能力，开设实验课堂并开展科创活动，逐步培养学生的创新方向。大三期间，鼓励学生组建团队，参加创新竞赛。大四期间，指导大学生独立完成实验，并撰写本科毕业设计。

大学生培养方案决定了大学生的培养质量，因此制定合理的培养方案具有重要的意义。工程类专业更加需要结合本专业特点，尽早开展科研、创新竞赛等活动。大学生课程中可以固定每周设定一次创新课程，由相关导师或者学生团队导师开展创新教学活动，每个学期固定一周时间进行创新活动实践，同时把科创活动作为一项校园文化活动在校园内宣传，真正将创新实践落实到位。

综上所述，新工科建设背景下，要求培养实用型、创新型、发展型等综合型人才，传统的教学思路已经不能满足人才培养的要求。"四年制科创法"可以有效改变工程类专业发展现状，不仅可以改变原有教学模式的局限性，提高教学质量，而且能够促使学生主动学习、积极思考、系统掌握专业知识。要以新工科发展要求为方向，结合时代发展积极探索新的教学方法，努力将科研、创新竞赛与教学相结合，通过提高教师素质、加强科研与教学结合等方式改进教学措施，培养适合国家和社会发展需要的人才。

参考文献

[1] 贾广信，焦纬洲，李裕，等. 以项目式教学驱动面向新工科的化工原理实验创新——以中北大学为例 [J]. 化工高等教育，2021, 38: 93-99.

[2] 史金飞，郑锋，邵波，等. 能力导向的应用型本科人才培养模式创新——南京工程学院项目教学迭代方案设计与实践 [J]. 2020 (2): 106-112+153.

[3] 王丹. 新文科背景下人工智能与教育深度融合发展研究 [J]. 河南社会科学，2021, 29 (6): 111-118.

[4] 林舒萍. 高校创新创业教育与创业实践——评《双创时代大学生创新创业教育的融合发展研究》[J]. 中国教育学刊，2021, 9: 117.

[5] 刘梦竹，王永鹏，王鑫，等. 从提升应用型人才培养质量谈科研对教学的促进作用 [J]. 2019 (36): 5-8.

[6] Marjolein D, Rosanne Z, Marijn T, et al. Literature review: The role of the teacher in inquiry-based education[J]. Educational Research Review, 2017, 22: 194-214.

[7] Lu C Y, Zhang Z P, Jiang D P, et al. Role change of postgraduates in China's education system[J]. Journal of Higher Education Research, 2021, 2 (3): 145-149.

[8] Orsolya B E, Andrea K. Teachers' beliefs about creativity and its nurture: A systematic review of the recent research literature[J]. Educational Research Review, 2018, 23: 25-56.

[9] Lu C Y, Jiang D P, Zhang H, et al. Successful exploration of China's higher education teaching mode reform in COVID-19[J]. Journal of Educational Research and Policies, 2021, 3(9): 110-113.

[10] 路朝阳，张志萍，荆艳艳. 高校网络教学在新冠肺炎疫情期间的发展 [J]. 教育教学论坛，2020: 143-145.

[11] 张德高. 科研教学结合　为人才培养提供强力支撑 [J]. 中国高等教育，2013(17): 44-45+54.

[12] 吴雅琴. 基于"本科生导师制"的"新工科"人才培养模式探究 [J]. 中国大学教学，2021(8): 8-11.

第 3 章

"双一流"建设背景下新工科类本科毕业设计改革创新研究

2015年11月，国务院印发《统筹推进世界一流大学和一流学科建设总体方案》，自此，国家拉开了符合新时代要求的大学和学科"双一流"建设序幕。"双一流"建设不仅是大学和学科的建设，更深层次的是大学教育的建设。2016年，习近平总书记在全国高校思想政治工作会议上提出要"因事而化、因时而进、因势而新"，为新时代高等教育指明了方向。

本科毕业设计作为大学教育的最后环节，是对大学生理论知识应用于实践效果的检验，是对大学生知识储备、实践动手能力、科研创新能力的考查[1]。"双一流"建设背景下新工科要求大学生本科毕业设计应该是一个贯穿整个四年教育的长期过程，只有这样才能真正让大学生带着问题去学习，将所学理论知识结合毕业设计进行实践操作，主动地探索知识[2, 3]。在新工科建设注重实践教育背景下，目前工科类毕业设计存在实验设计周期短、选题方向有限、缺乏实践积极性等问题[4]。针对以上问题，本章提出了一系列具体改革措施，旨在激发大学生的积极性和主动性，培养大学生的科研创新思维和实践操作能力，为日后工作或深造打下坚实的基础。

3.1
工科类本科毕业设计现状

毕业设计是每一位工科专业本科生在毕业前必须完成的一项实践设计，但目前毕业设计的实际情况与其原本的目的相背离，达不到检验学生学习成果和促进学生实践操作、科研创新的目的（图3-1）。现有的本科毕业设

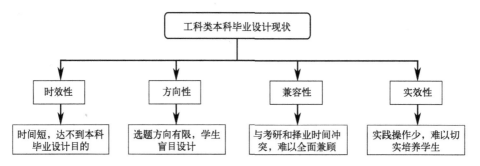

图3-1 工科类本科毕业设计现状

计模式及管理方案需要进一步改革和完善。应结合大学生的实际情况，以提升学生能力为出发点，对本科毕业设计现状做出革新。

3.1.1 设计周期短，难以深入研究

一份优秀的毕业设计往往需要花费大量的时间去精心构思，一步步修改完善，从选题角度到实验设计、实验操作，再到最后的实验报告，这一系列环节需多次修改调整。想要完成一份优秀的毕业设计，要求学生必须全身心地投入到毕业设计上。但实际上，紧张的备考、忙碌的实习占据了毕业生大部分的时间及精力，留给学生做毕业设计的时间并不多，使得学生没有充足的时间去认真对待毕业设计。据了解，大多数高校是在大四上学期期末也就是考研笔试结束后正式进行毕业设计，学生只知道毕业前需要完成毕业设计，把它当作一项任务，并没有真正理解其意义。一个寒假和半学期的时间需要完成设计选题、实验操作、报告撰写等工作，大学生难以在如此短的时间内完成，这就会导致学生答辩不顺利，实验报告质量难以保证。由此看来，工科类本科毕业设计周期短是本科毕业设计所面临的一个重大问题。

3.1.2 选题方向有限，难以激发学生热情

紧张的时间使得学生没办法深入思考要去做什么样的毕业设计，为了保证在规定的时间内完成毕业设计，最简单省事的方法是按照导师给出的选题进行毕业设计。学生根本不理解为什么要选这个题目，对该选题没有自己的主观想法和兴趣，对下一步的设计盲目地去套用模板、搬用论文。因此，目前本科生的选题多是导师提供选题和实验方案，学生只是按照指导老师的思路进行实验操作、数据整理、撰写实验报告。这样的结果达不到毕业设计的目的和初衷，学生只是把毕业设计当作一项必须完成的任务，使其偏离了检验学生的学习成果和锻炼学生的创新思维、解决问题能力的目的。采用导师的选题，借鉴他人经验，按部就班进行实验，参考模板撰写报告，这不算是本科毕业生独立自主完成的毕业设计。

3.1.3 考研择业时间冲突，难以全面兼顾

一般高校是在大四上学期期末开始进行毕业设计，学生正在全力准备考研和实习上，没有足够的精力对毕业设计进行思考。若在大四下学期开展毕业设计，此时正值学生就业和考研复试阶段，就业压力大、考研竞争激烈，学生没有多余的精力用在毕业设计上，这也是难以保证毕业设计质量的重要原因之一。高校为保证学生顺利就业或升学，对本科生的毕业设计要求就会有所降低，导致本科毕业设计质量下降。因此，为了保证工科类毕业设计质量，需要对毕业设计进行深化改革。

3.1.4 实践操作少，难以切实培养学生

随着课程体系不断深化改革，新的知识需要不断融入教学课本中，本科生的上课时间已经几乎排满。再加之考研、考公、找工作等事项的干扰，这就导致毕业生没有多余的时间和精力全身心投入到实验操作和工厂实习中，本科毕业设计就变成了走马观花式的流程作业。在学校的实验实践过程中，学生很难集中精力思考实验立项意义、实验操作步骤、实验结果等，学生的综合素质很难得到真正的提升。在企业工厂实习中，学生很难沉下心认真做好基础工作，从而难以锻炼动手能力，拓展实践知识。这就违背了"双一流"建设背景下新工科建设的要求。

3.2 工科类本科毕业设计定位

新工科要求培养人才的目标、模式、素养、途径等方面都要做出创新，要求学生不仅要具备基本工程素养，还要具有家国情怀、全球视野。在"双一流"建设背景下，工科类专业要求学生具有创新意识。毕业设计是本科教学的重要环节，是课程体系的重要组成部分，其基本目的是完成对相应毕业要求指标点的支撑，让学生获得相关的知识、能力和素质。在设计过程中思考问题，激发学生的思维活性，通过实验操作锻炼学生的实践动手能力[5]。毕业设计是学生从学校步入社会的过渡，其质量直接反映

教师的教学情况和学生的学习效果，对学生就业和升学都有很大的影响[6]（图 3-2）。

图 3-2　工科类本科毕业设计的定位

3.2.1　毕业设计是理论知识的实践过程

毕业设计是大学生四年学习成效的检验，要求大学生牢固掌握理论知识，在此基础上能够融会贯通、熟练应用，并且要求学生能够理论联系实践，培养大学生实践动手能力、解决问题的能力以及综合应用理论知识的能力[7]。

毕业设计是对本科阶段所学基础知识和专业知识的一种综合应用，是综合知识再学习、再提高的过程，这一过程也是对学生实践操作能力和独立思考能力的提升过程。空有理论知识是不行的，把知识应用于实践才是必然选择。毕业设计就是在掌握理论知识的基础上，把理论应用于实践，学生根据选定的毕业设计深入研究，独立自主开展设计。在遇到问题时，学生之间、师生之间进行研讨交流，不仅能够解决问题，拓展自己的知识面，而且能够大幅提升毕业设计的质量。更重要的是应该让本科毕业生学会自主思考，将之前学习的理论知识转化为将来科学研究和创新工作的动力源泉。

3.2.2　毕业设计可以培养学生的实践创新能力

读书虽可喜，何如躬践履。对于工科专业，学生的实践创新能力尤为重要，所以通过毕业设计来提升学生的创新意识和实践操作能力是必要的[8]。

学生根据自己的专业基础知识,结合自己感兴趣的研究方向,确定好选题,进行初步研究。在研究的过程中,如果遇到问题,学生需要翻阅资料、查看文献来解决,这一过程有助于学生思考问题、解决问题能力的培养[9]。毕业设计是每一位工科学生在本科毕业前必须完成的一项学业任务,要求学生独立完成,导师只起到指引和辅导作用,在实际做实验的过程中,学生必须亲自动手操作;每个人的选题不一样,实验要求、实验步骤也不尽相同,这样可以培养学生实践创新能力。毕业设计对实验报告重复率也有一定要求,这就要求学生发散思维、另辟蹊径,创新性地选题,避免出现选题雷同的现象,从而提升大学生的创新意识与创新能力[10]。

毕业设计想要高质量地完成,要求学生必须具有扎实的理论知识,对思考能力、动手能力、创新能力等方面的综合能力同样有很高的要求。大学期间的课程考试多侧重于对理论知识的理解,范围局限于教材规定范围,学生日常学习懈怠,期末考试往往依靠临时抱佛脚,课程实验课时短暂、小组共同实验,无法有效提高学生实际操作能力。毕业设计恰好能够弥补这个缺陷。毕业设计要求学生具有创新能力和实践能力,学生通过思考、交流、翻阅资料等方式提出自己的新思路、新见解,把想法落实到毕业设计,把知识应用于实践,这个过程中学生的创新意识和实践动手能力均能得到提高。

3.2.3　毕业设计为升学和就业奠定基础

从学校走向社会,把知识转变为生产力,毕业设计在这个过程中起到极大的推动作用。毕业设计是学生毕业的必经阶段,是继续深造和就业的钥匙和敲门砖,如若毕业设计不合格,那么将影响毕业,进而影响研究生入学或就业。大学生主要学习基础知识和专业知识,对实践学习不重视,也没有真正步入社会,不了解社会需求,在实习期间应付了事,学生动手实践的机会很少[11, 12]。毕业设计可为本科生继续深造或者就业打下坚实的基础。

对于准备读研的学生,毕业设计就是自己的一份入学证明。毕业设计的质量能够直接反映大学生在本科阶段的学习情况及科研情况,为升学做铺垫。针对保研学生来讲,学生本身的学习能力就足够强,需要进一步锻炼的是实践能力,毕业设计能够使学生将知识转变成实践能力,有助于研究生阶段的发展[13]。对于准备工作的学生，学校是学生学习的地方，学生的学习能力是主要培养方向，但用人单位需要职员能够有能力为公司创造价值。因此，大学生需要培养自己处理问题的能力、交流沟通的能力、独立思考的能力等，这是在工作中需要而在教材中学不到的。毕业设计能够弥补以上不足，帮助大学生培养以上能力。确定选题时的思考，在确定方向后的实验，遇到问题时的沟通交流，答辩时的临场处理等等，毕业设计的一系列步骤，都在注重培养学生的各项综合能力，这是本科生步入研究生的阶梯，也是创业就业的基础[5]。本科毕业设计是大学生向研究生转变的一个重要过渡环节，要求大学生由之前的被动接受知识转变为主动应用知识，不仅是对大学生学习知识的考查，更是对大学生应用知识的挑战。因此，一份成功的本科毕业设计也是一张合格的研究生入场券。

本科毕业设计是教学质量的测验尺，是学校与社会的关联线，是培养学生创新能力、实践能力等综合能力的环节，重在培养和检验学生的综合能力，从而为国家和社会输送综合能力强、综合素质高的创新型人才[14,15]。目前本科毕业设计选题单一、制度不规范、时间安排不合理等诸多问题越来越突出。为保证毕业设计顺利完成、达到预期目标，本科毕业设计教学改革是必要的，通过改革让学生真正明白毕业设计的目的，全心全意投入到毕业设计中去，提升自身综合能力，提高毕业设计质量。

3.3 工科类本科毕业设计改革措施

为了迎接新工科改革挑战，很多高校也采取了一系列措施，如天大方案、华南理工"新工科F计划"、成电方案等。本科毕业设计作为新工科改革最为重要的一个环节，是对大学生分析解决问题能力、实践动手能力、创新能力的培养过程，对人才培养结果的检验。为了进一步提升工科类毕业设计的质量，2020年12月教育部印发了《本科毕业论文（设计）抽检办法（试行）》，进一步加大对本科毕业论文的抽检力度，旨在提高本科毕业设计质量和教学水平。

结合目前本科毕业设计情况和毕业设计目的，对毕业设计教学作出改革调整是必要的。教师作为毕业设计的引导者，高校作为毕业设计的场所，需要率先作出改革。本节具体从毕业设计的开题时间、开题角度、实践过程等角度分析，提出了一系列改革方案。将原本一个学期的本科毕业设计贯穿于整个大学四年时间里，实施"四年制本科毕业设计法"。

3.3.1 依据工科专业特点，合理安排毕业设计时间

本科毕业设计一般安排在第八学期，此时学生忙于考研或就业，无暇顾及毕业设计。如果能够提前毕业设计时间，将实验设计与课程教学相结合，在教学过程中，根据学生对课程知识的兴趣爱好进行选题，将会有效解决这个问题。毕业设计是学生毕业的前提，但也要兼顾好学生专业课程的学习，在保证学分完成的基础上对毕业设计的教学时间做出改革。建议在大一时就开始策划本科毕业设计，将毕业设计融合进课程教学，贯穿于整个大学阶段的学习过程中。大一是从中学到大学的过渡段，大学生对本科专业课程、知识结构知之甚少，此时开展关于本科毕业设计要求流程、制度的相关讲解报告，使学生提前了解本科毕业设计目的和内涵，促使大学生对其有初步的认知，在日后四年学习过程中侧重相关知识的学习。大学生在大二学习专业课程的同时，可以根据老师的研究方向结合自己的兴趣爱好，选择毕业设计方向。然后参与到实验实践操作中，熟悉实验过程，为毕业设计的下一步打下基础。大三时学习专业核心课程，学生进一步了解专业特点，分析前期毕业设计进展情况，若选题合适且有创意，参考导师意见，可以继续进行；若进行得不顺利，有了更好的研究方向，要及时停止研究，改变研究方向，不影响毕业设计进度。把毕业设计重点放在大三学期，遇到问题可以及时询问专业老师，学生有足够的时间去思考问题、翻阅资料、交流学习，更好地提升毕业设计的质量。大学生在第七学期，可以把主要精力放在考研和工作实习中；第八学期可以根据学校安排参加答辩。

3.3.2 依据导师研究方向，科研与爱好相结合

毕业设计的研究方向至关重要，决定毕业设计质量，也是培养学生创新精神、实践能力的关键。研究方向不仅要能够锻炼学生，而且最好符合

学生的兴趣爱好。兴趣是最好的导师，大学生在设计过程中遇到问题时，有了兴趣的支撑，才有继续做下去的动力，间接地提高了毕业设计的质量。每个教师都有自己的研究方向，在本科教学过程中，教师可以把自己的研究方向详细地讲解给学生，学生要充分了解到各位教师的研究方向，且根据自我兴趣选择合适的教师作为本科毕业设计的指导老师，同时也更方便学生实现学科交叉选题[16]。指导教师可以把研究项目拆分为不同的毕业设计的选题，教师的研究基础有助于学生进一步开展实验研究；教师可以为学生提供该方向最新的研究动态，帮助学生顺利完成毕业设计[17]。

在指导老师研究方向的基础上，学生结合自己感兴趣的方向开展毕业设计。一方面，学生的研究能够帮助老师研究工作进一步开展，作为科研助手协助老师；另一方面，学生在老师研究的基础上选择自己的研究方向，老师能够给予准确且有力的指导和建议，共同研究某一方向，有助于提高毕业设计的质量。

3.3.3 提高思想认知，激励学生全程参与

毕业设计作品能够反映教学质量和人才培养的成效，高质量的毕业设计需要学生全程参与，从起初的想法、开题报告到实验操作、报告撰写等过程都要求学生参与进来。近年来，毕业设计或毕业论文抄袭的报道有很多，甚至有找人代做的情况，在答辩环节频频出现问题。学生自身基础薄弱，对毕业设计无从下手；学生备考复习、就业压力大；毕业设计管理不严格等造成以上问题，需针对以上问题及时作出改革。

首先，毕业设计管理制度要做出调整，强调学生要实事求是，严格按照制度独立完成毕业设计；导师要结合各专业特点规定毕业设计具体完成进度，做好监督管理工作。其次，要合理分配导师与学生的比例，导师要有耐心指导学生、树立学生的责任意识，定期检查学生的毕业设计进度及参与情况，向学生提问实验问题并耐心解答学生的疑惑。再次，毕业设计最终成绩可以借鉴期末考试成绩的评定办法，分为平时成绩和最终成绩，学生日常对毕业设计的参与情况、小组讨论会议的近期研究进展作为平时成绩的重要参考标准，这就要求学生全过程参与设计。最后，在日常教育教学过程中，培养学生诚实、有担当的责任意识，使其从内心接受并独立

认真完成毕业设计的任务，要求学生完成每一项任务都签字，使学生主动积极参与毕业设计[18]。

3.3.4 结合毕业设计方向，积极参加学术竞赛

2021年9月，国务院印发了《国务院办公厅关于进一步支持大学生创新创业的指导意见》，旨在进一步加大高校对大学生创新创业的支持力度，进一步提升大学生对创新创业的重视程度。创新创业能力培养是对大学生综合素质培养的重要方式，本科毕业设计作为大学生创新创业培养的载体，值得高校、教师、学生的高度重视，因材施教的大学生毕业设计方案对提升大学生创新创业能力和"双一流"建设具有重要作用。以创新创业为引导，切实提升本科毕业设计质量。

工科类本科毕业设计是对学生综合能力及解决问题能力的训练环节，检验学生的学习成效和是否满足毕业要求。工科类专业对学生测量、分析、计算机应用等方面的实践有着较高的要求，学生创新意识不强、理论与实践脱离、临场处理问题能力差等需要解决。近年来，适合于工科类本科生参加的创新类竞赛和学科类竞赛越来越多，以学生将来从事的研究方向或毕业设计研究方向为出发点，通过参加竞赛培养学生的实践能力，进而提高毕业设计质量。竞赛不能空想，既要有新思路、好点子，也要有实践行动。工科类的实验不只是实验完成后记录实验数据，往往需要与软件结合，如软件编写、设计模型，要求大学生具有实践能力和计算机应用能力。

参加竞赛的过程中，大学生会对自己的研究项目整体有清晰的认知。学生参加竞赛可以促使学生主动查阅文献，锻炼论文写作能力，提升学生自主学习能力，从资料中获取有用的知识。学生根据个人兴趣和毕业设计想要研究的方向自主选题，有方向地参加比赛，像挑战杯、"互联网＋"大赛等，这就要求大学生首先对自己毕业设计的研究方向有一个基本的了解，在进一步研究和实践中会顺利许多，会节省很多精力。在竞赛中，学生的专业基础更加牢固，各方面的能力得到锻炼，提前达到毕业设计的培养目标，所以参加竞赛从某种角度上说是为毕业设计做准备。竞赛是从毕业设计的研究方向出发，竞赛过程中可以相互交流、探讨问题，同时也能够拓宽知识范围，为将来的毕业设计扫清阻碍；竞赛过程中有相关专家对

项目进行指导，能够有效地帮助参赛学生积累经验；无论是选手之间的交流或是专家提出的建议，都能够让学生清晰地了解到该方向的研究趋势及最新的研究成果和动态，减少毕业设计与实际脱节的情况。依据毕业设计方向参加竞赛，可以以竞赛的形式督促学生高质量完成毕业设计。以作者所在团队为例，从大一新生中选定队员后，开始进行创新竞赛培训，并组建团队筹划团队项目；大二期间即可报名创新竞赛；后期创新项目成果经过整理后即可作为本科毕业设计作品。创新团队竞赛获奖较多，团队成员综合素质培养也取得了很好的效果。

3.3.5 培养学生科研思维，积极主动探究知识

大学生脱离了家长和老师的监督，过于放松自我，学习自觉性差，主动探索科研的情况更少。而毕业设计是学生在自己感兴趣的方向做出的新探索，要求学生独立自主做实验、参加答辩、撰写报告书。若学生在本科阶段积极参与科研活动，培养科研思维，那么对毕业设计和深造会有很大的帮助。例如，美国加州大学伯克利分校、里海大学、布法罗大学等专业课程学时很少，会更多地引导学生主动学习、发散思维，毕业生的毕业设计方案都具有很好的创新性[19]。培养学生的科研思维，使他们积极主动探究知识的措施包括以下四点。

第一，教师要提升自身的科研水平，创新教学模式，将科研引进课堂，让学生感受到科学研究的魅力，激发学生主动探索的兴趣。第二，同专业教师要多交流沟通，共同探讨具有专业特色的课堂活动，把课堂与实践相结合，培养学生独立思考的能力，运用探究式教学激发学生学习兴趣，变被动学习为主动学习[20]。第三，扩大实验室规模，调整实验室规章制度，合理安排实验室的开放时间，各实验室具体由一位实验教师负责指导，学生有充足的实验条件来做实验，有利于开展学生的科研思维，为毕业设计打下基础[21]。第四，教师在授课过程中适当地介绍自己的研究方向，可以让学生选择自己喜欢的方向，教师带着学生做项目，在课堂上可以了解到不同方向的发展，这样既能让学生参与科研，培养科研思维，又可以激发学生的学习动力，从被动接受知识到积极主动探究知识[22]。学生科研思维的锻炼可以为毕业设计乃至未来的科研道路奠定良好的基础，让学生做到主动思考、积极探索，为毕业设计的进行做好准备，本科毕业设

计的质量也将大幅提高。

综上所述，工科类本科毕业设计是对教师教学质量的评估和学生学习成果的检验，在本科阶段教学学习中占据重要地位。应通过调整毕业设计周期、毕业设计方向双向选择、增强学生自主学习意识、参加学术竞赛等措施来强化学生的能力，从而真正提高"双一流"建设背景下新工科类本科毕业设计质量。

参考文献

[1] 贾广信，焦纬洲，李裕，等．以项目式教学驱动面向新工科的化工原理实验创新——以中北大学为例 [J]．化工高等教育，2021, 38: 93-99.

[2] 路朝阳，赵宁，张志萍．新工科背景下能源与动力工程类专业"四年制科创法"教学创新 [J]．中国大学教学，2022(Z1): 52-57.

[3] 张炜．新工科教育的创新内涵与美国工科教育的观念演变 [J]．中国高教研究，2022(1): 1-7.

[4] 魏春艳，方益权，衡孝庆．基于知识形态的新工科产教融合机理探究 [J]．中国高教研究，2022, 2: 89-94.

[5] 史秋衡，王春．大学生创业思维培养的现实价值、内涵环节与实践路径 [J]．中国高教研究，2021(4): 64-68.

[6] 葛文杰．"双一流"建设背景下的高等工程教育重塑与课程教学深度改革 [J]．中国大学教学，2022(9): 53-61.

[7] 毛成，赵春鱼，李一星．新工科背景下地方院校个性化人才培养模式探索与实践——以中国计量大学工科试点班为例 [J]．中国大学教学，2022(Z2): 31-38.

[8] 杨婷婷．大学生创新创业教育新型生态体系的构建研究 [J]．中国高等教育，2021(21): 42-44.

[9] 路朝阳，杨鑫，荆艳艳，等．新常态下大学生利用互联网现状及引导 [J]．教育现代化，2020(88): 13-16.

[10] 林舒萍．高校创新创业教育与创业实践——评《双创时代大学生创新创业教育的融合发展研究》[J]．中国教育学刊，2021, 9: 117.

[11] Lu C Y, Jiang D P, Zhang H, et al. Successful exploration of China's higher education teaching mode reform in COVID-19[J]. Journal of Educational Research and Policies, 2021, 3 (9): 110-113.

[12] 路朝阳，张志萍，荆艳艳．高校网络教学在新冠肺炎疫情期间的发展 [J]．教育教学论坛，2020(43): 143-145.

[13] Lu C Y, Zhang Z P, Jiang D P, et al. Role change of postgraduates in China's education system[J]. Journal of Higher Education Research, 2021, 2 (3): 145-149.

[14] 雷庆，王金旭．高等教育研究应更多关注高校的教与学 [J]．中国高教研究，2022(3): 88-93.

[15] 宋纯鹏，王刚，赵翔．科教协作："双一流"建设高校拔尖创新人才培养模式的变革 [J].

中国大学教学，2021(6): 6-10.

[16] Uerz D, Volman M, Kral M. Teacher educators' competences in fostering student teachers' proficiency in teaching and learning with technology: An overview of relevant research literature[J]. Teaching and Teacher Education, 2018, 70: 12-23.

[17] 吴雅琴. 基于"本科生导师制"的"新工科"人才培养模式探究 [J]. 2021: 8-11.

[18] 梁小玉, 刘小花, 宋美荣, 等. 对智能与传统"线上＋线下"混合型模式助力分析化学教学的探索 [J]. 教育教学论坛, 2020(49): 292-294.

[19] 石雪飞, 李珂. 传统工科课程在新工科建设要求下的改革 [J]. 教育教学论坛, 2020(3): 80-82.

[20] 蒋有录. 高校教师如何做好教学研究 [J]. 中国大学教学，2022(Z1): 4-8.

[21] Marjolein D, Rosanne Z, Marijn T, et al. Literature review: The role of the teacher in inquiry-based education[J]. Educational Research Review, 2017, 22: 194-214.

[22] Orsolya B E, Andrea K. Teachers' beliefs about creativity and its nurture: A systematic review of the recent research literature[J]. Educational Research Review, 2018, 23: 25-56.

第 4 章 工程类专业本科生硕士化培养机制研究

4.1 本科生的培养方案定位

4.1.1 本科生与高中生培养方案区别

我国学生接受高中教育的主要目的是参加高考，拥有接受高等教育的入场券，培养目标较为单一，而本科生的培养目标和培养方案较为复杂。首先，在学习动机上，高中生学习是被动式学习，老师布置学习任务，学生刻板地完成；而本科可以自主选择课程，学生具有较大的选择空间，自由选择到自己感兴趣的课程和领域进行深入学习与研究。其次，在学习课程的设置上，高中生的课程设置均按照高考要求设置，大量的文化课，没有实验和社会实践很少；而本科生的课程多样，有必修课和选修课之分，课程涉及文化、思想教育和体育等，实现多元化培养。相较于高中生，经过高等教育阶段的本科生在综合素质、人文意识、社会意识以及知识储备方面均有很大提升。

4.1.2 本科生与研究生培养方案区别

从培养目标看，本科生和研究生在外语（主要指英语）要求、科研能力这两方面有着很明显的不同。在外语方面，对于本科生来说，毕业时大多数外语水平只需要达到四级水平或者接近四级水平，能简单阅读一些外语文章即可。而对于研究生，其外语水平则需要达到六级水平甚至更高，且需具有阅读该专业领域外刊的能力；除此之外，部分学校对研究生的外文写作能力也有一定的要求。在科研方面，本科生只需要掌握基础自然规律，对其科研水平并不作要求。而对于研究生，则需要把握深层次的反应机理，要求具有一定的科研能力，能够取得一些新的成果，或者对该领域有较大的贡献。

从培养方式看，本科生培养大多是填鸭式的，"老师教，学生学"是主要的培养方式，以专业或者班级作为培养基本单元。而研究生主要是导师制，目前国内的研究生主要是单导师培养或者双导师联合培养，是种师父和徒弟的关系,主要通过自学讨论等多种融合的培养方式,同专业也具有差异性。对于学分要求和课程设置方面,本科生相较于研究生毕业学分要求更高、课程更多,本科期间需要修读大量的基础课,研究生则需要学习大量的专业课。研究生学位论文字数在六万字左右,而对于本科生只需要六千到八千字。研究生论文中对于选题要求和指导老师要求都比本科生高,要求研究生论文对于社会有较大的价值,能够推动科技的进步,在相应课题领域提出自己的新见解等。

总体上,本科生和研究生的培养方案差异很大。研究生相对于本科生学习知识更为主动,涉猎领域更为广泛,综合素质培养过程更为严格。

4.1.3 普通高校与国内一流高校本科生培养方案差异

我国目前共有双一流高校(以下称"一流高校")147所,但是我国本科高校有1275所,一流高校仅占11.5%,普通高校在我国本科教育中仍占很大比重。研究普通高校和国内一流高校的培养差异对于改进普通高校育人方案具有重要意义。普通高校学生与一流高校学生在创新精神上差异尤为显著。大多普通高校老师说什么,学生就做什么,老师讲什么,学生就听什么,甚至在课堂交流这一环节,学生也不会主动提问,回答问题也不积极[1,2]。而一流高校在培养本科生时会在课堂注重对学生创新意识的培养,利用新的教学形式如翻转课堂、科创教学等,学生课前学习,课堂思考,并与老师讨论自己的困惑,通过课下实践或参与科研提升学生的自主学习能力。

除此之外,一流高校会根据自身特色和学院的特点举办不同的竞赛以提高学生的专业素养和能力,例如本科生演讲比赛、实验创新比赛、实验设计比赛、创客比赛等。学生通过参加比赛不仅提升了自身的专业素养,而且在参加比赛的同时培养了自身的创新意识,增强了自身的专业能力[3]。

一流高校科研资金充足,也十分重视对本科生动手实践能力的培养,在上课时对于实践环节的要求和理论环节一样高,旨在提升学生理论联系实际的能力,熟练掌握理论知识的同时也能运用到实际生活中去。虽然部分普通高校也开设了实践课,但是因为教师不重视、学生不主动实践和资金问题,实践环节没有很好地落实,学生动手能力弱。这也是在社会招聘时一流高校毕业生抢手的原因。从一流高校的培养方案中汲取营养、总结经验，改革创新普通高校的培养方案是极其有价值的。

4.1.4 普通高校与国际一流高校本科生培养方案差异

由于思想启蒙运动和第一次工业革命，国外的一流大学具有悠久的教育办学历史，例如著名的牛津大学、纽约大学，教育水平、学术水平和现代化水平名列前茅。将我国普通高校的本科培养方案与国外一流大学进行对比，借鉴国外新型培养理念，有利于我国高校学生成才。叶红[4]曾综合研究斯坦福大学、宾夕法尼亚州立大学和麻省理工学院三所世界名校的电子工程类专业的培养方案，认为美国一流大学培养本科生时兼顾了理论知识教学和科研能力的培养，且重视人文和科学课程，对基础通识课和专业课一视同仁。

国外一流大学也相当重视学生创新精神的培养。杨文斌[5]研究发现，伯克利加州大学规定学生对艺术、数学、自然科学都应该了解，能够理解研究过程和如何创造新的知识，具有解决问题和做出决定所必需的技能。东京大学要求学生拥有国际视野的同时也要有丰富的想象力和敏锐的洞察力。

国外一流大学也十分重视学生的个性化培养，实行导师制教学，学生根据兴趣选择自己的导师。在选课方面，学校不仅开设常见的素质课程，课程种类繁多，涉及音乐、人文、社会、艺术和自然等，甚至组织交叉学科学习，以此拓宽学生的知识领域，激发学生进行相应的跨学科思考，引导学生逐渐走出惯性思维，跳出思维壁垒。

在实践环节，国外一流大学也有着自己的特色培养方案。瑞士的"三元制"培养模式将企业、学校和培训中心有机地结合在一起，经过企业较为正式的培训环节，学生可以很好地适应社会上的工作；而且学校可以很好地了解到社会上的劳务供需关系，及时调整培养方案，有利于学生尽快适应环境，找准自己的兴趣，选择好就业方向[6, 7]。

在学生学习方式上，相较于国内高校，国外一流大学主要采取探究式教学，学生入学就可以申请学校科研助理等职位，甚至部分学生很早就进入导师的课题组进行科学研究，每周都要开科研组会，学生在学习知识、思考解决方案、培养创新意识的同时也具有了基本的科研素养。

4.2 普通高校工程类专业本科生培养方案的问题

4.2.1 高中培养方案的延续化

目前本科生培养方案死板老旧是我国本科生培养质量低的主要原因。大多数本科教学模式仍旧是老师讲学生听，学生不思考、不理解知识，只是死板地接受知识。在考核方式上，除了实习类课程采用开放报告外，本科生的课程考核仍以闭卷考试为主，学生上课不听讲，老师考前圈重点，学生仅需要考前死记硬背相应知识点就可以通过。表面上提高了学生的通过率，实则学生的专业知识、心理素质等均没有得到锻炼与提高，导致学生的综合素质较差。普通高校按照培养方案的最低和单一要求培养学生，导致普通高校工程类专业本科生和一流高校的本科生差距很大，这是本科培养延续高中教学模式的结果。

4.2.2 后续培养的断层化

由于培养方案落后，地方普通高校的培养与后续培养出现断层化现象。学生很少参加科学研究，仅以分数合格为要求，对科研没有想法，大多数学生不具备实验操作的基本能力，专业知识掌握不牢固，极有可能在进行科学研究时思维固化。在读研究生时，由于接受能力弱，难以适应课题组的研究内容，缺乏最基本的实验能力，对于专业领域钻研很浅，难以运用创新型思维思考问题。这就需要花费大量的时间去重新培养研究生的学习和科研素质，不利于研究生成才。

对于适应社会，这种培养方案也有很大的滞后性。目前我们处于社会快速进步的时代，知识和技术都在不断地更新和进步，但是学生的素质和能力却不能很好地与社会需求相适配。以会计专业为例，学生毕业进入会计岗位，要求熟知会计记账规则，但是高校固化的培养方案导致学生基础知识薄弱，理不清楚基本的记账环节，出现企业不敢招毕业生，招不到与部门所需相适配的毕业生等问题，进一步引发连锁反应，学生就业难上加难。再者一些工程类岗位，例如风能和生物质利用等企业，需要招聘相应工程师，但是本科阶段的学习不足以胜任岗位，学生没有做过相应设计，不懂得设计的步骤和基本过程，企业需要花费大量的人力财力来培养员工。本科生毕业后不管是读研还是工作都难以适应，断层化严重。

4.2.3 本科生知识学习的被动化

学生学习时需要发挥自身的主观能动性自主学习，但是目前我国普通高校教学仍然遵循老师教学生听的模式，这种单一式的灌输导致学生在学习时完全忽略了自身消化吸收知识的过程，学生对于知识的好奇心以及学习的热情在这样的模式下完全被抹杀[8]。学生被动地接受知识导致学生基础差、记忆不深刻，没有经过思考，知识也无法灵活地运用。学生学习时发挥主观能动性，可以不断实现自己的目标，在一次次获得新知识的过程中不断提升学习效率和能力，增加知识储备。激发主观能动性有利于培养学生对学习的兴趣，助力开发学生学习潜能，提高学生学习成绩的同时也极大地提升了综合素养[9]。

良好的学习模式应该是双向的教学，学生在探寻知识的过程中主动思考问题，提出疑惑并主动地查找资料解决问题。学生和老师的沟通不应该只是老师单向地输送知识，而要有思维的碰撞。在培养本科生时必须摒弃原有的应试教育观念，培养学生的主动学习能力，让学生将原有被动接受知识的观念改为主动学习。

4.3
普通高校工程类专业本科生培养方案改革

4.3.1 提高科研在本科生培养方案的比重

习近平总书记在两院院士大会上说："知识就是力量，人才就是未来。我国要在科技创新方面走在世界前列，必须在创新实践中发现人才、在创新活动中培育人才、在创新事业中凝聚人才，必须大力培养造就规模宏大、结构合理、素质优良的创新型科技人才。"

本科生参与创新培养，不仅可以推动学生从被动学习到主动学习的转变，还可以提高学生的科技创新能力，从根本上落实国家教育立德树人的目标，响应国家"三全育人"的教育理念[10]。我国的导师制热潮源于 20 世纪初，北京大学和浙江大学率先推行导师制，之后各高校争相效仿，并对导师制实施模式和存在问题进行研究和探讨[11]。

科研对于本科生的培养有着重要意义。目前，学生中存在着如科学研究离自己很远或者自己的知识储备无法进行科学研究等理念，导致学生对科研望而却步。由于大多数本科院校主要实施学分制，学生以修得学分为目标，以分数及格为追求，对知识并未进行深入的了解，对科学研究、前沿技术讲座自然也毫无兴趣。学生学习知识大多是一种被动行为，缺少了自己主动思考的过程，没有了求知的欲望，这种学习方式随着时间的推移弊端会越发明显。学生根据自己的兴趣选择科研课题，主动查阅文献，参加实验，思考实验现象并大胆创新。学生在科学研究中对知识的主动探寻可以提高学生的自主学习能力，深入了解所学基础知识，提高解决相关科研问题的能力[12]。学生实践操作能力弱是高等教育普遍出现的问题，学生在进行实践教学时不会用、不会做的现象司空见惯。有研究表明，社会普遍更接受在科学研究中反复思考如何解决科研问题的学生，因为他们具有出色的动手能力。在本科生研究中加入科学研究的本质就是提升学生的实践应用能力[11]。因此，在本科生的培养过程中要加大科研所占的比例。

4.3.2 提高创新创业在本科生培养方案的比重

大学生创新创业训练计划项目（简称大创计划）十几年前在全国范围开始实施，国家出台文件要求学生在参与大创的过程中强化实践能力，培养学生成为高水平的科技创新人才[13]。创新创业对于本科生教育有着非比寻常的意义，想要进行本科硕士化教育就需要加大本科教育中创新创业的力度。

在信息飞速交流的时代，创新能力和创业能力是每个人在激烈的市场竞争中脱颖而出的关键[14]。在参与大创项目的过程中，学生自主组队，选择喜欢的课题和领域，寻找适合的老师指导，经过实验、调研和实践等过程，创新出一个小发明或者一种生产方法。多元化的成员构成，使得学生在进行项目的同时可以找到自己相关的角色定位，承担起自己的任务；在一些项目中甚至需要和社会企业、政府对接进行访谈、询问、问卷调查等，可以有效锻炼学生的沟通能力和团队精神，提高学生综合素质。将创新创业内容加入对学生的培养方案中，利于教师将教学与实践相融合，助力学生将学习与实践相结合。学生参加大创项目的过程也是实践的过程，在这个过程中，学生通过一次次的实践，不断发现问题并解决问题，不断调整自己的计划书，获得处理复杂问题的能力，从而提高创新素质。

虽然许多学校都在举办创新创业比赛，但是还存在学生不了解大创比赛、大创导师单一化、团队成员断层组队等问题[15]。这就要求高校探索出将创新创业融入教学，创新出贯穿项目开始、项目实施和项目结束完整的指导方法。

4.3.3 提高企业实践在本科生培养方案的比重

随着社会的快速进步，企业越来越重视人才的质量，但是目前高等院校重教学轻实践导致人才质量与企业发展需求不匹配，在培养本科生时加强校企合作势在必行[16]。企业和高校是人才需求和人才供给的关系，高校培养人才输送给企业。高校相对于企业拥有更多的教育资源，而企业相较于高校拥有更多的实践机会，学生在企业里参与实践，对于学生成才有着重要意义。加强企业实践可以促进专业建设，提高人才质量，推动学校发展。学校通过和企业进行共建，给学生提供丰富的实践岗位，学生通过企业实践了解社会需求，在学习中会更加留意自己的不足；学校通过学生的企业实践反馈可以知道社会对于该专业需要的是什么样的人才，从而及时调整培养方案，为社会输送符合需求的人才；而企业通过与学校合作也可以进行工作职能和任务的调整，及时更新岗位条件[17]。亦可以创立"企业冠名班"，例如河南牧业经济学院，其企业冠名班与企业对接，实现就业零适应，极大地节约了人力资源成本，为企业量身定制输送人才[18]。

这种高效的"订单式培养"不仅缓解了高校培养模式单一的问题，而且与企业共同制定培养方案，提高了学生的实践能力，极大地推动了高校的发展[19]。学生通过企业实践教学，能够促进理论与实际相结合，也可以将新技术带入企业产品研发中，实现企业和个人快速进步。

4.3.4 提高人文思政在本科生培养方案的比重

开展思政教育，造就高素质专业人才，培养社会主义的建设者和接班人，是确保我国在激烈的国际竞争中立于不败之地，实现中华民族伟大复兴的必然要求[20]。研究哲学最重要的是帮助学生树立正确的价值观，明辨是非；学习哲学不仅要让学生明白社会是什么样子，更要明白如何确定正确的社会价值尺度[21]。马克思列宁主义是党的基本思想，习近平新时代中国特色社会主义思想是马克思主义中国化的飞跃，学习习近平新时代思想可以让学生深刻认识党实践的最新成果，也可以启发学生利用哲学解决经济和生活中的困惑，实现为党育人的目标。

除了将马列思想带入本科生教学，树立学生的爱国意识也极其重要。《新时代爱国主义教育实施纲要》指出，高校学生是未来社会主义的建设者，正处于三观建立的特殊时期，进行爱国主义教育有利于摒弃国际的负面思想，坚定爱国的赤诚之心。在本科阶段进行爱国教育有利于提升学生的民族自豪感，在学习爱国主义的过程中获得成就感和自我满足，学生对国家更有信心，更愿意投身到社会主义的伟大建设中，对于实现中国梦有着现实意义[22]。

综上所述，目前在我国普遍实施的教育方式与教育理念均不够完善与科学，而且极易带来培养不出人才、人才被埋没等难题，引发社会问题。伴随人们受教育程度的提高和思想上的开放，我国社会各界目前对于普通高校工程类专业本科生硕士化的培养机制持赞成鼓励的趋势，本科生硕士化培养机制并非遥不可及，通过学校、企业、社会的共同努力可以形成良性循环。基于我国本科生与高中生、研究生培养方案对比，以及普通高校与国内和国际一流本科生培养方案对比，主要从科研、创新创业、企业实践、人文思政这四个方面来阐述发展本科生硕士化机制的具体方法与意义，其核心一直在于深入推进科教兴国、人才强国战略，为国家的繁荣发展、社会的长治久安、人民的美好生活打下坚实的基础。

参考文献

[1] 李丽君，高艳芳. 重点高校和普通高校会计专业学生能力差异分析 [J]. 教育教学论坛，2013 (52): 153-154.

[2] 路朝阳，张志萍，荆艳艳. 高校网络教学在新冠肺炎疫情期间的发展 [J]. 教育教学论坛，2020 (43): 143-145.

[3] 路朝阳, 赵宁, 张志萍. 新工科背景下能源与动力工程类专业"四年制科创法"教学创新 [J]. 中国大学教学, 2022 (Z1): 52-57.

[4] 叶红. 美国高校电子工程类专业本科培养方案浅析 [J]. 高等理科教育, 2007 (6): 64-67.

[5] 杨文斌. 国外著名大学本科人才培养模式特征分析及经验启示——以伯克利加州、牛津、东京和柏林工业大学为例 [J]. 高等理科教育, 2012 (4): 80-85.

[6] 黄倩, 余莉. 国外应用技术型本科高校人才培养的经验及现实启示 [J]. 西部学刊, 2021 (21): 117-119.

[7] 王迎军, 杨斌, 何一清. 国外高水平工商管理本科教育培养模式比较与启示 [J]. 河北旅游职业学院学报, 2017, 22 (2): 55-60.

[8] Lu C Y, Zhang Z P, Jiang D P, et al. Role change of postgraduates in China's education system[J]. Journal of Higher Education Research, 2021, 2 (3): 145-149.

[9] 唐兰兰. 论成人教育学生学习主观能动性的培养——以《审计学》课程教学为例 [J]. 才智, 2022 (28): 87-90.

[10] 崇殿龙, 程甫影, 常久祥, 等. 皖北地区某医学院校"三全育人"视域下医学本科生科研能力培养现状 [J]. 吉林医学, 2022, 43 (9): 2590-2593.

[11] 惠振阳, 夏元平, 程朋根, 等. 导师制下地方高校本科生科研创新能力培养机制 [J]. 东华理工大学学报（社会科学版）, 2022, 41 (4): 383-386.

[12] Lu C Y, Jing Y Y, Jiang D P, et al. The positive role of competitive consciousness in the teaching process of energy and power engineering specialty[J]. Journal of Higher Education Research, 2022, 3 (3): 241-243.

[13] 梅迪, 朱世杰, 关绍康. 通过开展大学生创新创业训练计划项目提升材料专业本科生创新能力的实践探索 [J]. 中国现代教育装备, 2022 (19): 143-145.

[14] 闫静, 郝燕. 基于产教融合的旅游管理本科生创新创业能力培养 [J]. 运城学院学报, 2022, 40 (3): 74-77.

[15] 苏丹. 基于SWOT分析的"三导师制"医学院校本科生创新创业能力培养策略研究 [J]. 中国高等医学教育, 2022 (7): 4-5+8.

[16] 刘耀东, 孟菊香. 校企协同培养人才的反思与模式构建 [J]. 中国大学教学, 2018 (3): 71-74.

[17] 路朝阳. 当代大学生就业现状研究 [J]. 科技视界, 2020 (18): 214-215.

[18] 张瑞春. 应用型本科院校动物医学专业"企业冠名班"人才培养模式的探索与实践——以河南牧业经济学院为例 [J]. 黑龙江畜牧兽医, 2021 (10): 150-153.

[19] 高等教育改革发展综述之五: 创新体制机制 部委行业企业共建 [J]. 中国大学教学, 2011, 251 (7): 4.

[20] 车菲菲. 师范类专业认证与课程思政一体化推进路径探索——以历史学专业为例 [J]. 北华大学学报（社会科学版）, 2022,23(4): 144-149+156

[21] 徐雷, 李琲琲, 夏璐. 充分发挥高校哲学社会科学的育人功能: 哲学社会科学课程思政教育教学改革模式初探 [J]. 中国大学教学, 2021(12): 4-9.

[22] 张婧. 新时代高校爱国主义教育研究 [D]. 西安: 西安建筑科技大学, 2021.

第 5 章

工科教学竞赛：促进新工科教学创新的关键

5.1 工科教学竞赛目的

5.1.1 以赛促学

工科课程竞赛的核心是教学。课堂是教学活动的主阵地、主渠道和主战场，也是教学竞赛的中心环节，要求教师牢牢抓住"教"这个核心和紧紧抓住"学"这个根本。在进行内容讲解前，需要先掌握学生特点，从学生的思维方式、学习风格、课程关注点等多个方面进行分析，并依照分析结果有的放矢地设置教学内容，联系实际生活将教学理论转化为生活实践。教学内容应重视课程知识点背后的逻辑关系和科学道理，深挖其中的专业思想，并形成"专业价值"，加深学生的专业认同感。讲课时增强情感投入，进而增加学生在学习过程中对知识探索的参与感，增强学生对专业知识的兴趣，提高学生的自主学习能力。课程竞赛时，教师会通过各种途径提升自己的教学能力，引起学生的学习兴趣，进一步提高学生的学习能力。

5.1.2 以赛促教

教师教学竞赛通过教学相长、教学交流以及"磨课""展课""辩课"等多个环节，引领教师加深教学感悟，提升教学能力[1]。课程教学竞赛从学情分析、教学目标和教学内容等多个方面进行考察、评分，要求教师的教学设计必须符合坚持立德树人、以学生发展为中心和产出导向（OBE）的教学理念。课程教学竞赛中的课堂教学与日常课堂不同，它的教学设计更加具有针对性。大学教师虽然没有进行系统的教学设计理论的学习，但通过竞赛前对优秀案例的分析和模仿，可以从中进行归纳总结和创新，不断地琢磨课堂教学的每一个细节，在与自己团队及其他教师的每次沟通交流和切磋中反复修改，捋清教学思路，并通过不断地模拟教学、深化教学内容和优化教学方案来提升自身的教学能力。

5.1.3 以赛促改

目前,大部分高校的课堂教学仍然坚持"为讲知识而讲知识"的传统教学思路,不注重学生创新能力和实践能力的培养,继而对学生解决复杂问题的综合能力和高级思维的培养形成了阻碍。因此,为推进教育改革,进行一场高等教育的"课堂革命"势在必行。教材内容是传统课堂教学的重点,所有的教学活动都围绕教材进行。但其实大学里的每一门课程所涉及的知识都远超教材所包含的知识。因此,推动课堂革命,拓展学习范围,使学生获得教材知识以外的课程相关知识及专业相关知识也是极为重要的。在课程竞赛的基础上,教师需要对课程教材基础知识进行进一步的拓展,引导学生进行知识实践,并教授一些专业必需的知识和专业前沿内容。传统的教学课堂存在学生被动学习的普遍现象,学生缺乏学习兴趣和动力,导致课后学习效果不佳,甚至出现抄袭考卷等问题。因此,要进行彻底的课堂革命,不仅需要关注教学内容,也需要改变学生的学习习惯,让学生从被动学习变为主动学习,充分发挥他们的学习主动性[2]。课程竞赛中教师会精心准备,用各种办法吸引学生的注意力,激发学生学习兴趣,培养学生主动学习习惯,有助于拓展课堂知识和课堂改革。

5.1.4 以赛促研

教育教学研究属于规范的学术研究活动,主要研究教学理论、模式和方法。教师需具备探究、学习与创新的意识和将竞赛经验转化为学术思维的能力。好的大学教师教学,要求能够将教学和学术研究有机地结合起来,能在教学中体现学术底蕴,让课堂富含生机活力,为学生提供高品质教学。教学竞赛是对教师全方位的训练,增强教师教学科研融合的信心和意愿,促进教育学术科研发展[3]。教师结合自己参赛的感悟、其他参赛人员的教学经验和竞赛评委的点评意见等对教学项目进行分析总结,整理成学术论文,促进教育研究的发展。教学竞赛的学术成果一方面可以为以后的教学工作奠定理论基础,进一步提升自己的教学能力;另一方面可以弥补教育科研方面的空缺,让教师意识到教学学术的优越性,重视起教学学术的相关研究。课程竞赛的学术成果有助于教师教学能力的提升和教学科研的发展,推动教学改革,提高课程教学的质量,为培养更多具有创新思维和实践能力的优秀工科人才打下坚实的基础[4]。

5.1.5 以赛促建

课堂是大学师生教学活动的场所，是培养优秀人才的关键环节。为了改变传统课堂，建设现代课堂，主要任务是建立一种新的教学方式、学习方式和师生关系。建立新的教学范式，是要打破传统的以教师为中心的教学方式，将学生作为课堂教学的核心，让他们主动获取知识，而不是被动接受。建立新的学习方式，是要提高学生的学习积极性，使其从被动学习变为主动学习，从为应试而学变为为学习而学。这种学习方式要求充分调动学生的积极性，激发学生的学习兴趣，培养学生的自主学习能力。建立新的师生关系，是要打破传统的权威式教育，建立起平等、开放、互动的教学氛围，促进教师和学生之间的交流与合作，让课堂变得更加活跃有趣[2]。课程竞赛有助于课堂革命，有助于现代课堂的建设。

5.2 工科教学竞赛过程

5.2.1 教学设计方案

教学设计方案是课程教学的重要组成部分，需要紧密围绕教学大纲内容展开。教学设计方案应明确教学目标，把握课程教学的重点和难点，科学有序地组织教学进程，合理设计教学结构。教师需将教学方法和手段设计运用相结合，使课程教学整体脉络清晰，逻辑合理，内容反映学科前沿。参赛教师需选定一门课，提前做好20分钟的课程教学设计，此教学设计环节可极大地促进教师对课程内容的深入理解，明确围绕课程重难点进行教学，提升教师的教学能力。

5.2.2 说课环节

说课环节的三个要素是：教学目标分析、教学过程描述和教学创新点。其中，教学目标分析应全面展现学生知识、技能、过程、方法和情感态度价值观的培养，学情分析应具体准确；教学过程描述应符合教学创新理念，有效把握课程重难点，采用科学有效的教学方法；教学创新点则应秉承"学生中心、产出导向、持续改进"的教学理念。此外，说课环节的评分标准还包括课程地位、教材分析、学情分析、教学目标、教学内容、教学评价和创新特色这七个方面，以全面评价教学的质量和特色。经过对这七个方面的细致分析和评分，教师可以通过评分分析自己的课程教学，找到不足进行弥补，提升自己的教学能力。

5.2.3 课堂教学

课堂教学评分主要从教学内容、教学组织、语言教态、特色与创新四个方面入手。其中教学内容和教学组织分值之和在课堂教学分值中占比极大，这两项是教学活动的核心，有助于学生理解并掌握课程内容。教学竞赛需选取难度适中、逻辑完整、实用有趣且属于学科前沿的教学节段。教学内容必须体现坚持立德树人、产出导向和以学生发展为中心的教学理念，能够联系学科发展新思想、新进展、新成果。在工科课程中，还需要注重强化学生的工程伦理教育，培养学生精益求精的大国工匠精神，激发学生的科技报国、家国情怀和使命担当。为此，教学过程与教学时间需精心规划，合理安排；需灵活运用教学方法和手段，全方位展示教学内容，加强师生互动，调动班级氛围，提高学生学习积极性。课堂上，教师需语言简洁易懂逻辑性强，语速恰当，合理运用肢体语言。课堂教学模式需进行创新，与信息技术应用进行联系，开创多样、高效、风格突出的教学模式。

5.2.4 专家提问

课程竞赛的最后环节是专家提问，专家从参赛教师的教学内容、教学方法、教学模式等方面进行提问，并根据参赛教师的回答以及课程教学表现进行评分。在此环节，教师需正确理解专家提问的问题，结合自己对问题的理解分条分点地回答问题。

5.3 工科课程竞赛对教师教学技能的要求

5.3.1 擅于整理课堂教学设计思路

教师进行赛前准备时，应注意课堂教学设计的系统性、合作性、连续性、灵活性和艺术性。教学设计必须考虑完整性，不能仅仅为了设计而设计，还应考虑方案的执行和教学效果的反馈。好的课堂教学设计是团队合作的成果，而不是个人的奇思妙想。教学过程设计必须是具体的，具体到每一个环节的问题是什么，用什么样的生活实践来引出要讲的基础理论。教师必须和队伍里的其他人员沟通交流，才能确定一个能够吸引学生注意力又契合课堂内容的课堂设计方案。课堂教学的设计还需要考虑连续性问题，不能仅考虑比赛时的课堂教学还应注重平时的日常教学。从比赛中总结的经验和策划出的更好的教学方式要应用在日常教学中，并不断总结反思，坚持对教学设计改进与更新，使教学能力以螺旋上升的方式提升。在日常教学中，教学环境更加宽松，可能会出现这样或那样的境况，这要求教师具备更大的教学灵活性。虽然教学课堂设计是预设的，但不可能将课堂上可能出现的所有境况都考虑到。因此，教学设计必须具备灵活性，不能一味死板，不善变通。教学本身是一门艺术，而教学设计对教学艺术的把握则需要教师有更深入的思考和积累。教学艺术体现在课堂教学的各个方面，其中教师的语言表达和精神状态尤为重要，要求语句清晰准确且富有感染力，精神饱满，充分彰显自信与自身实力。

5.3.2 擅于将课程思政与教学有机融合

实现课程思政融入教学需要考虑四种路径：深入挖掘专业课程中的思政元素，揭示教学内容所蕴含的哲学思想和元素，强调价值观引导，拓展教学内容。深入挖掘专业课程中的思政元素意味着要在知识点中寻找思政元素，教师可以通过讲解知识的来源和发展、技术应用等，引导学生提炼知识内涵中的价值观和哲学思想。此外，教师还可以通过激发学生的探究兴趣、引导学生深入思考等方式，将思政融入到教学过程中，实现课程思政的有效落地。

许多课程都可以发掘出教学内容所蕴含的认识论、方法论、思维方式等哲学思想和元素，教师需要注意引导学生在课堂上强化这些哲学思想，将其转化为自己的思维方式，遇到问题能够主动思考并做出客观判断。在课堂上以讲故事的形式发掘其中所蕴含的价值观，从大师的成长道路、本学科的发展史和前人失败的教训中进行多维度分析发掘。教师再对警示性的问题从各个层面剖析，提取出关键性"警示点"，使学生引以为戒。课堂上应用"反面教材"，剖析"流言"，引导学生结合专业知识进行思考、分析和比较，找出错误关键点，提高辨别能力和社会责任意识。也可以提出当前与本课程相关的热点问题和难点，引导学生进行辨析讨论，寻找可行的解决办法。教师也可以通过自主选择教学材料将思政融入课程，可以基于确定的教学内容，大量搜集资料，结合想要传递的文化传统和价值观追求，从众多资料中确定自己需要的教学资料。

5.3.3 具备专业知识讲授能力

教师的专业知识教授技能涵盖了教学语言技能、板书技能、教态变化技能和演示技能等多个方面。优秀的教师应具备富有感染力、通俗易懂且具有启发性、清楚明白且逻辑性强、耐人寻味的教学语言技能。同时，教师的板书应该规范、美观、布局合理、结构形式多样，以吸引学生的眼球，促进学生的学习。教师的教态应该随着不同的教学内容、不同的学生特点等进行变化，以强化教学效果。在演示技能方面，教师需要通过多种形式、多种手段，生动有趣地呈现教学内容，让学生在愉悦的氛围中更好地学习和掌握知识[5,6]。要求教师注意教学内容展示，亮度适宜、字体大小适宜，指示出重点知识，以使学生抓住要点掌握知识。

5.3.4 擅于将专业知识融会贯通

教师在课堂教学前，需先了解自己教授课程所需的专业基础知识，了解课程包含的重点和难点知识，了解该课程所属专业的前沿知识。课堂教学时教师必须逻辑清晰，将专业基础知识和课程知识相结合，由简单到复杂，带着学生一步一步推导得出结论。讲课时必须联系生活实践，从生活中常见的自然现象引出问题，让学生们结合课程内容进行思考、提问，然后结合专业知识得出现象和操作过程的原理，由此引出新的专业知识并进行讲解。在讲解一些抽象的知识时，可以通过绘画将抽象的知识具象化，方便学生理解。在一些讲解器械的节段，可以使用多媒体技术，利用视频讲解，让学生可以看清楚器械的组成，对器械的印象不再只是课本上的图片。在讲解实验室内存有的器械时，教师可以申请让学生们去实验室参观学习，让学生真实地了解相关器械的结构、使用方法等。在课程结束时及时布置相关习题，确保学生在课程学习后能通过习题巩固所学知识，找到疑惑点，在下一节课讲解习题并为学生答疑。在进行课程相关习题讲解时，先带学生理解题意，确保学生了解题目所给信息，带着学生由所给内容一步一步推出需求解的内容，并结合生活实践，告诉学生此类习题在生活中的应用。

5.4 工科课程竞赛对新工科课程教学的促进作用

5.4.1 强化课程教学设计

叶澜教授曾经说过："一个教师写一辈子教案不一定能成为名师，但是写三年反思就有可能成为名师。"由此可见反思的重要性。教师会在备赛、参赛过程中对参赛教学过程进行理性反思，分析自己每一个环节的每一个步骤，找出自己的不足并进行一次次修改完善，不断挖掘和强化自己的教学和教学设计能力。教学竞赛中，参赛教师在赛前会查阅大量资料，结合资料与课程实际情况完成教学设计方案，强化日常教学设计。竞赛时，会仔细观摩其他参赛教师的教学设计方案并学习其优点，在日常教学设计时可以借鉴其他教师的设计方案来强化自己的教学设计。与团队里的其他教师沟通讨论确定最终的教学设计方案，认真观看其他参赛教师的设计方案展示，不断提高自身教学能力，以此加强自身的教学设计水平。参赛时对班级学生的细致了解，也会使日常教学设计方案更贴合班级学生。

5.4.2 强化教学课程思政

竞赛要求将课程思政融入教学，教师们会运用各种手段和方法将思政融入进教学竞赛中，使得课堂教学成绩斐然。这也使得教师们乐于从专业知识、教学内容中发掘价值观和哲学思想，并引导学生们主动去发掘知识背后的哲学思想和元素。教师们也会在课堂列举基础理论发现者背后的故事，讲述专业发展史，以此来激发学生的学习兴趣，提高学生对于专业学习的能动性。教师们在课堂讲述的前人的教训和警示性的问题也会引导学生们去主动思考其中蕴含的哲学问题，完善自己的方法和思维。

5.4.3 强化专业知识讲授能力

竞赛后，教师的教学能力、语言表达能力、语态变化能力等得到了极大的提升。老师们在讲课时的逻辑更加流畅，语言表达更加准确，语言更加简练易懂。上课时，教师先教授基础知识，然后开始由基础知识推导一些较难的理论，这样便于学生理解和掌握课程知识。课后布置相关习题，然后下节课讲解，便于学生及时查漏补缺、巩固整理所学知识[7]。教师在参加了课程教学竞赛后，教学能力有所提升，对课程重难点知识的理解和把握更加透彻，同时通过不断地磨炼，在增强专业知识讲授能力的同时，也使教师对于习题的讲解思路更加明晰[8]。

5.4.4 强化课本知识与专业知识的结合

参赛时教师根据课本知识寻找教学资料，从获取的教学资料中确定课堂教学时使用的资料。讲课时教师将教学资料中的专业知识和课本基础知识相结合，推导出课本中较难的理论知识，并将推导过程用板书列举出来，让学生认真学习并自己推导出来。大学的课程设计是进阶性的，必须一步一步来，高一阶的课程都需要以低一阶的课程知识为基础。因此，想要让学生理解掌握新的课程，必须由前面的专业知识推出新课程知识。竞赛时教师们会从之前学过的课程内容里推导新课程内容，这一步骤使学生们更易理解和掌握新内容，也使得教师们乐于在课堂上进行推导，强化课本知识和专业知识的结合。

综上所述，工科教学竞赛是提升工科教师教学质量的主要方式，教师通过教学竞赛过程中对思政教育、教学技巧的思考和提升，不断强化教学能力，从而提升自我教学水平。工科教学竞赛对提升教师教学水平和学生学习热情有显著帮助，从而间接助力新工科建设和双一流建设。

参考文献

[1] 陆国栋，赵春鱼，颜晖，等．本科院校教师教学竞赛发展现状及模式创新 [J]．中国高教研究，2019 (1): 86-90.

[2] 别敦荣．大学课堂革命的主要任务、重点、难点和突破口 [J]．中国高教研究，2019 (6): 1-7.

[3] 曹霞．高校教师教学竞赛：示范效应与价值提升 [J]．高等农业教育，2020, 12 (6): 47-50.

[4] Lu C Y, Jing Y Y, Jiang D P, et al. The positive role of competitive consciousness in the teaching process of energy and power engineering specialty[J]. Journal of Higher Education Research, 2022, 3 (3): 241-243.

[5] 路朝阳，张志萍，荆艳艳．高校网络教学在新冠肺炎疫情期间的发展 [J]．教育教学论坛，2020 (43): 143-145.

[6] Lu C Y, Jiang D P, Zhang H, et al. Successful exploration of China's higher education teaching mode reform in COVID-19[J]. Journal of Educational Research and Policies, 2021, 3 (9): 110-113.

[7] 李亚猛，张志萍，路朝阳，等．工程教育专业认证背景下热工基础课程教学改革探索 [J]．中国现代教育装备，2022 (23): 74-76.

[8] 路朝阳，赵宁，张志萍．新工科背景下能源与动力工程类专业"四年制科创法"教学创新[J]．中国大学教学，2022 (Z1): 52-57.

第 6 章 网络教学在工程类专业教学中的应用

科学推动技术发展，技术改变人们生活方式。随着网络技术的快速发展和人们对教学个性化要求，网络教学成为了一种新兴且快速发展的教学方式。在不断实践的过程中，网络教学逐渐展现出了自身特有的优势，也逐渐被大众所认可，大学生也成为了这一技术成果的受益者。网络教学对于高校教育的顺利开展发挥了不可替代的作用，并作出了巨大的贡献。

6.1 网络教学诞生的原因

6.1.1 实现优质教育资源网络共享

中国教育的发展源远流长，历史上名师辈出。特别是近现代以来，出现过很多大师级的经典讲堂，词学泰斗王国维，朴学大师章太炎，近代史学家梁启超，语言学家季羡林，这些曾经的名师大家字字珠玑、场场爆满的场景，我们再也无法复现。如今，随着科学技术的发展，人们已经有足够的技术让经典永流传。在高校教育中，教育部已经开始进行网络教学的实践。组织高校优质教师，创建高品质优质课程，让更多的学生能够聆听大师的讲解，接受知识的洗涤。教育资源的网络共享版，不再让每一次经典的讲解成为绝唱，而是让经典永存共享。

6.1.2 实现远程教学

随着社会的发展，高校教育对教学的方式有了新的要求。远程教育具有及时性、灵活性、不依赖场所等特点，不仅能够应对不能面授的特殊情况，同时给学生提供了更大的学习空间。

6.1.3 顺应新时代潮流

科技的发展助推了整个社会各行各业的飞速发展，人们在实现无卡乘车、扫码支付、5G远程手术的同时，也需要使知识的传播向快捷化、远程化、共享化发展。大学生在无法实现固定时间、固定地点、固定模式进行学习时，网络教育就成为解决这一问题的重要途径。

6.2
高校工程类专业网络教学常见的方式及特点

针对不同的教学要求，出现了各式各样的教学模式，主要有传统网络教学、网络开放课程、网络直播面授、复合式网络教学、网络在线教务工作等，不同的网络教学模式具有不同的特点[1]。

6.2.1 传统网络教学

在网络兴起初期，教育工作者们已经开始尝试将网络技术应用到教学中，时至今日，这些技术仍在使用。BBS 论坛、WEB 教材、邮件等方式是最开始被人们应用到教学中的工具，然而这些方式只能进行简单的知识传递，不能实现教师与学生之间在线直播式教学的互动。随着新型网络技术的快速发展，这些方式正在逐渐淡出高校教学的主场。

6.2.2 网络开放课程

网络开放课程是近年来兴起的一种网络学习模式[2]。世界大学城网络服务平台、国家教育资源云服务平台、北京数字学校等方式是狭义范围网络教学模式，广义的网络教学模式包括 MOOC 平台、教育云服务、学习管理系统、微信公众号等方式，网络教学的广义化发展让知识的传输更加容易[3]。2011 年，斯坦福大学和 Coursera 公司尝试开创了大型公开在线课程项目，随后掀起了网络在线课程的浪潮。2013 年 10 月，网络在线开放课程在中国得到推广，北京大学、南京大学等高校相继开设网络课程。国家可以集中优势力量将优质资源系统整理后在网上免费开放，这种模式使得教育资源得到了进一步的平等分配，充分发挥了网络优质资源的优质性、共享性、开放性，使教学资源匮乏的地区同样可以通过网络开放课程利用优质资源进行教学。但这种教学模式也具有缺陷，首先，它不能够针对特定学生开展个性化教学；其次，网络开放课程对学生的自律性要求较高，自律的学生可以从优质的网络资源中汲取大量知识，而对自律性较差的学生来说，这可能是可有可无的课堂。

6.2.3 网络直播面授

直播型教学是结合了高校常规上课模式和网络直播技术的一种全新的教学模式，不同于大学生集中在教室里听课，直播型教学是教师通过网络在线直播进行现场教学，学生可以通过网络视频在家里进行学习。这种方式可以满足不同高校、不同课程进行专场直播教学。在实现直播式教学的同时，也可以及时得到学生的反馈信息，具有良好的教学效果。网络直播面授式教学可以实现"一人授课，多人听课"，同时解决了在学校教室因为座位、声音、环境等客观因素造成的看不清、听不清的问题。目前国内网络直播面授式教学模式已经比较成熟，可以针对不同的教学需要，使用不同的软件，例如腾讯会议、钉钉、企业微信、Teamlink、Welink、飞书、小鱼易连等。大部分高校教学工作采用这种模式开展工作。网络直播面授虽然有诸多优点，但是和常规教学模式一样需要教师投入大量的时间和精力进行备课，并且如果缺乏专业授课场所和辅助设备，实际授课效果将会比预期有所出入。

6.2.4 复合式网络教学

复合式网络教学是利用传统网络教学、网上开放课程、网络直播面授等多种方式进行联合教学工作。学生在优质课堂学习的过程中，利用邮件、微信等随时与教师取得联系。教师经过统计分析同学面临的共性和个性问题，及时解答。经过实践总结经验，高校部分课程采用"慕课堂+QQ群""学习通+QQ群""慕课堂+腾讯会议"等多平台相结合的全方位、准确有效的教学模式，取得了良好的效果。

6.2.5 网络在线教务工作

除了网络教学工作，网络在线教务工作也是顺利开展教学工作的必备环节。网络在线教务工作需建立好网络班级，组织好学生在线测试、毕业生毕业设计，完善好计算机阅卷功能等。网络在线考试是检验学生学习效果的重要手段，在一般的高校教学中，一般只有与计算机、网络等相关的专业才会进行网络在线考试。网络在线考试可以实现多人同时考试，计算机自动阅卷等功能。毕业设计是关乎学生毕业的大事，毕业设计开题报告、中期考核、毕业答辩都可以通过网络教务系统进行开展。

6.3 工程类专业网络教学的发展方向

随着科学技术的进步，网络教学逐渐展现出了自身的优势，并在教学行业逐渐发挥出重要的作用。但从网络教学的实际应用情况来看，有些方面还需要进一步完善[4]。

6.3.1 升级网络教学服务器

网络服务器的性能决定了网络技术性能，对网络教学服务器进行升级是获得高质量网络教学的前提。随着人们对网络教育的重视，各个机构平台的网络服务器在不断升级。数据流量的低延迟性和高通量性是网络互动式教学流畅开展的必要保障，相关部门有必要对网络教学服务器进行升级，从而提高其在突发情况下的性能稳定性，更好地为教育工作提供帮助。

6.3.2 创新网络教学模式

目前使用的多种复合式网络教学模式还存在一些有待改进的地方，例如需要继续增强教师和学生在网络教学中的存在感、增强教师和学生的参与度、提高学生在网络教学中的知识接受度等。因此，创新网络教学模式的工作需要进一步加强。

6.3.3 提高网络教学质量

在网络教学中，如何将教师、学生、教材、环境等多个因素整合起来，是取得较好教学效果的关键[5]。加强教师的专业技能、网络授课技能等各项能力的培训，提高对突发事件的应对能力，是提高网络教学质量的必要工作。

6.3.4 提高教学服务团队质量

教学服务团队的主要工作是服务教学工作，总结各种教学模式的优劣性，推广优秀教学模式，录入相关的课程、班级等内容，同时为毕业生的开题、中期考核、毕业答辩等提供系统支持，是保障教学、反馈、考核等工作顺利展开的支柱力量。接受教师团队、学生、教学组织等各方面的反馈意见，是对团队不断提高、完善的鞭策[6]。不断完善网络教学工作，实现在校教学与网络教学的随时切换。

综上所述，随着网络技术的发展，国内教学模式已经从最初的"一支粉笔，一块黑板，三尺讲台"的传统板书式教学模式，发展成为今天依托多媒体教室、网络直播授课、网络开放课程、复合式网络教学等多种教学模式，已经可以做到"线上 + 线下"综合教学。复合式教学模式的运用让知识传播更加便捷、高效，随着技术和模式的进一步完善，网络教学必将为中国教育事业作出更大的贡献。

参考文献

[1] 卢林, 孙赫. 基于网络教学的开放大学通识教育现状及改革路径探析 [J]. 教育现代化, 2019, 6(70): 68-70.

[2] 张忠达, 刘艳萍. 网络环境下中职信息化教学新探 [J]. 教育现代化, 2019, 6(50): 283-284.

[3] 杨现民, 赵鑫硕, 刘雅馨, 等. 网络学习空间的发展：内涵、阶段与建议 [J]. 中国电化教育, 2016 (4): 30-36.

[4] 吕海侠, 王渊, 张莉, 等. 新冠肺炎疫情防控期间医学基础课程远程教学的实践与思考 [J]. 中国医学教育技术, 2020, 34(2): 135-137+142.

[5] 朱安林. 新时期网络教学的发展方向探究 [J]. 信息与电脑（理论版），2018 (6): 222-223+226.

[6] 张志萍, 岳建芝, 陶红歌, 等. 基于"多觉课堂"教学模式的实践和探索 [J]. 高等农业教育, 2018 (1): 56-58.

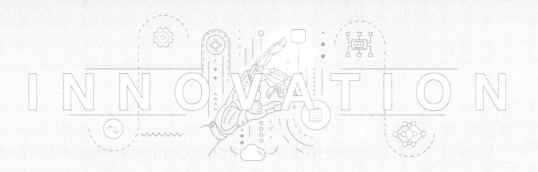

第 7 章 竞争意识驱动工程类专业教学过程的研究与探索

7.1 工程类专业本科阶段竞争意识培养渗透专业课程教学的现状

7.1.1 教学模式单一滞后

日复一日的填鸭式教学，单一且枯燥乏味的课堂，一味地单向灌输知识，往往会适得其反。长期强调记忆、定向解决问题思维等的训练和培养，缺乏在课堂上的互动、交流。教师对着课件或课本宣讲，教学模式单一，得不到学生的反馈，封闭、沉闷的学习环境大大阻碍了学生自主探索、合作交流、拓宽视野，使课堂教学逐渐丧失了学习的互动性、主动性和竞争性。

7.1.2 教师在传统教学中占据主导地位

传统教学课堂中，教师将课程进度作为一项任务来完成，盲目地以教案为本，重理论轻实践。教学过程仅仅是师生配合完成教案的过程，忽略了教学问题的设计与拓展，在此过程中看不到学生对知识的思考，给学生未来的发展造成一定困扰。以教为主，学生被动接受教师一成不变的知识传输，使得学生对专业前沿知识和相关学科知识不了解，限制了学生汲取知识的广度[1]。

7.1.3 学生学习存在局限性

传统教育中，教师未能对学生加以引导，学生很难在应试教育中做出转变，盲目地把时间精力花费在掌握得分技巧上，一味追求高分而忽视了对知识的积累和实践操作。在机械性学习下，学生被动接受知识，长此以往，容易导致学生的理论知识体系逐渐薄弱且脱离实际应用、思维模式固化、自主思考能力下降等问题。

7.2 竞争意识的培养在工程类专业课程学习中发挥的作用

7.2.1 促进工程类专业教学模式改革

课堂采用竞争的模式，在竞争意识的驱动之下往往会激发学生思维潜能，有利于开拓学生思维，激发学生学习兴趣；老师设定相关的课题，有效抓住学生们对"冠军"向往的心理，充分调动课堂的参与性、活跃性，激活课堂，使学生们在良性竞争中将专业知识掌握牢固。在充满竞争的课堂氛围中，老师是课堂的引导者，学生是课堂的主导者，学生之间相互交流切磋，与教师进行充分的交流，能够调动学生的积极性，课堂也变得有趣、开放、多元化[2]。

7.2.2 发挥学生主体性作用

传统课堂存在以教师授课为中心，学生盲目地听讲，缺乏对主动思考、实践创新能力的培养。在课堂中强化竞争意识培养，学生则会有意识地主动参与其中，发表独立的个人见解，相同观点可以共同探讨，不同观点可以交流磨合，不再是一味听教师授课，形成以培养学生能力为中心，师生共同交流的模式，充分发挥学生的自我主体性作用，在学习中收获乐趣[3]。

7.2.3 加强团队内部与团队之间交流

竞争意识的培养无论是对个人还是团队进步都具有很好的促进作用，往往在激烈的讨论和良性的竞争下能够产生较好的结果。在团队中，保持积极思考的状态，做好分工，积极交流，把团队优势发挥到最大化。团队内部成员相互探讨，交流个人见解，不断总结讨论，优化方案；团队之间的交流和竞争能够促进每位成员的思维拓展并且提升团队的整体实力，团队之间取长补短，共同进步[4]。

7.3 竞争意识的培养在综合能力提升中发挥的作用

7.3.1 使学生主动思考

培养学生主动、独立思考的能力是大学培养人才的一项要求，而竞争意识的培养则有利于促进学生积极主动思考。工程类专业在本科阶段所涉猎的知识是较广泛的，不管是在教学中或是在科研竞赛中，竞争意识将会很大程度上促进学生主动思考。学生在课堂理论知识的基础上自我反复思考，进一步理解专业知识，在课下完成作业或实践的过程中提升思考能力。科研竞赛中，从确定研究方向，建立初步模型到最终确认方案，这一系列过程中难免会遇到棘手的问题，这些问题从分析到解决都需要学生冷静思考，在竞赛中如何脱颖而出、获得评委的认可等都需要学生主动思考。所以竞争意识的培养有助于学生主动思考[1]。

7.3.2 培养学生创新思维

工程类专业传统的"填鸭式"教育不能激发学习的积极性，学生独立自主学习的意识薄弱，对学习或科研缺乏热情，自然不利于创新能力的培养。在学生具有正确的竞争意识后，会有意识地着重积累某一方向的专业知识，遇到强大对手时，往往会有一种不甘落后的心理驱使自我不断向前，想要在竞争中获胜必须要有自己的亮点。在竞争中激发学生的求知欲，不断探索、不断尝试。在良性竞争的过程中，知识会得到进一步积累，学习能力和综合的科研能力会不断增强[5]。

7.4 激发创新活力、培养竞争意识的全面措施

7.4.1 优化教学模式

竞争意识的培养需要教师在日常教学中有意识地设置相关课堂内容，

在课前提前设置好分组竞争机制，教师要多提问，让学生自主探索问题，激发课堂活力，有效加强师生间互动。针对需要展示、论证的问题，要给学生留出充足的时间进行思考讨论。在课堂上，教师或小组之间及时给予综合打分评价等等，引导学生自主、合作、探究持续性发展，是将竞争模式更好地引入专业学习的基础。在激烈的竞争中不断提高学生的能力，不断强化专业知识技能。

7.4.2 加强竞赛与竞争意识的结合

工程类专业涉及知识广泛，适合本专业学生参加的竞赛有很多，如挑战杯、农建杯等创新创业类大赛，从参加报名、确定项目、进行实验、优化方案到最后现场答辩，每一个环节都离不开思考与竞争。作品有创新点，在与其他团队的竞争中才会有足够的优势，在前期准备中需要投入大量的时间精力去思考，这需要学生有很扎实的专业知识基础和较好的心理素质。参加竞赛不仅可以牢固掌握专业知识、开阔眼界，更重要的是能激发学生主动探索与竞争的意识。通过各项创新类竞赛，激发学生创新活力，培养适应未来社会的具有强劲竞争能力的人才。

7.4.3 组织宣讲活动

高校要定期组织校内外不同等级的宣讲活动，邀请本校参与竞赛的学生分享参赛经验，从参赛者的角度了解比赛。此外还要全面邀请大型赛事组织者、获奖者等做深度讲解，进一步了解赛中的注意事项，学习他们的思维模式和语言表达方式。学术类或是某一竞赛交流报告会均可了解竞赛相关的前沿知识，为本科生提供新思路，有利于拉近学生与竞赛之间的关系，提高学生参与度，营造一种全员参与的氛围，进而提升学生的综合素质。

7.4.4 完善管理考核制度

将原有教育模式调整为创新赛事学分与末考成绩并重的模式，目标为培养国内一流的创新型人才。立群制指导模式代替单一对应制模式，将各个不同专业立群，使学生在学习过程中接触更多的知识，激发学生的创造性思维。

7.5 培养竞争意识时需注意的问题

7.5.1 引导竞争与合作相结合

合作与竞争相互依赖、缺一不可。只有在合作中竞争，才能更好地实现"双赢"；竞争中也不能没有合作，没有合作的竞争是孤独的，孤独的竞争是无力的，竞争与合作协作并进才能获得更大的进步。为了能够达到"双赢"的局面，教师和学生不仅要有竞争意识更要有合作发展意识。

7.5.2 合理利用竞争方式方法

竞争意识的培养旨在激发学生的潜能，培养符合时代发展的综合型人才。可以通过正常手段竞争，如提升技术、整合资源，而不要上升到诋毁对方、记恨对方的层面上。良性竞争顺应道德规律，能够成功；恶性竞争违背了道德规律，应该及时规避。个人与个人之间，团队与团队之间竞争要遵守规则，以共同学习、相互促进为目的进行竞争，正确利用竞争手段[6,7]。

7.5.3 正确看待竞争结果并准确归因

"成王败寇"是一种对竞争结果过于极端的表达，过于看重比赛的结果，却忽略了努力奋斗的过程。应不胆怯于对冠军的追求，努力过，就不必为最终的结果而纠结[8]。竞争意识的培养旨在激发无穷的斗志，假如过于注重结果，固然会错过沿途的美好，迷失最初的自己。因此，面对竞争应该适度而为，坚守自我。

7.5.4 正确理解培养竞争意识

培养竞争意识旨在驱动工程类专业教学模式进一步改革。竞争意识不是衡量教学效果与学生专业能力的唯一标准，其主要起到推动、促进的作用，切忌因盲目追求成功而忽略在教学和专业上的改革和突破[9]。正确认识竞争意识的作用，引导学生正确看待竞争，摒弃不良竞争，始终遵守规则，努力提升专业水平进行公平竞争。

综上所述，随着社会的发展，工程类专业本科阶段教学模式的改革是近来学科发展的必然结果。培养竞争意识可以在专业教学中发挥促进作用，有效改变本科阶段教学模式，促进学生牢固掌握专业知识，打破学生学习的局限性，实现学生主导教学。竞争意识还有利于提高学生自主学习、主动思考、创新发展等综合能力，通过改变教学模式、加强竞赛中竞争意识的培养、组织宣讲报告会等形式来重点培养竞争意识。要正确培养竞争意识，公平公正进行竞争。

参考文献

[1] Carlton J F, Bizelle D J, Molly H. BizelleDillard Jendayi, MollyHatcher. Teaching self-efficacy of graduate student instructors: Exploring faculty motivation, perceptions of autonomy support, and undergraduate student engagement[J]. International Journal of Educational Research, 2019, 98: 91-105.

[2] Lu C Y, Jiang D P, Zhang H, et al. Successful exploration of China's higher education teaching mode reform in COVID-19[J]. Journal of Educational Research and Policies, 2021, 3 (9): 110-113.

[3] Nes A A G, Hybakk J, Zlamal J, et al. Mixed teaching methods focused on flipped classroom and digital unfolding case to enhance undergraduate nursing students' knowledge in nursing process[J]. International Journal of Educational Research, 2021, 109: 101859.

[4] Lu C Y, Zhang Z P, Jiang D P, et al. Role change of postgraduates in China's education system[J]. Journal of Higher Education Research, 2021, 2 (3): 145-149.

[5] Liang X Y, Xie L X, Liu X H, et al. Influence of COVID-19 on university chemistry experiment teaching[J]. Journal of Educational Research and Policies, 2022, 4 (9): 147-149.

[6] Uerz D, Volman M, Kral M. Teacher educators' competences in fostering student teachers' proficiency in teaching and learning with technology: An overview of relevant research literature[J]. Teaching and Teacher Education, 2018, 70: 12-23.

[7] Lu C Y, Jing Y Y, Jiang D P, et al. The positive role of competitive consciousness in the teaching process of energy and power engineering specialty[J]. Journal of Higher Education Research,

2022, 3 (3): 241-243.

[8] Marjolein D, Rosanne Z, Marijn T, et al. Literature review: The role of the teacher in inquiry-based education[J]. Educational Research Review, 2017, 22: 194-214.

[9] Orsolya B E, Andrea K. Teachers' beliefs about creativity and its nurture: A systematic review of the recent research literature[J]. Educational Research Review, 2018, 23: 25-56.

第 8 章 基础实验对大学生创新能力培养的研究

为了形成新技术、新产业、新业态、新模式，推进农业院校"三全育人"综合改革目标，以及国家一系列重大战略的深入实施，在新工科背景下，应将落实"立德树人"作为根本任务，将推进乡村振兴战略、培养知农爱农新型人才作为促进农业院教学质量提升的必然选择。实施新工科建设使得人才的供应量大大增加，对学生能力提升提出了更严格的要求，应大力培养适应基础教育发展需要、专业基础知识扎实、综合素质高的高级人才[1]。

基础实验课程是工程类专业非常重要的基础课程，知识点和操作点涉及面广，基础实验课程的学习也会对工程类专业的专业课或选修课的学习产生重大的影响[2, 3]。该课程的教学体系应该打破原有的传统教学模式，将知识与专业能力结合，针对不同学科要求设计不同层次实验项目。因此，基础实验作为一门以实验为基础的科学，内容上应突出院校的学科特点，实施过程中应尽量做到典型、实用、先进，力争加深工程类专业学生对基础实验基本理论和概念的理解，提高他们运用理论知识解决专业实际问题的能力。

8.1
新工科背景下对人才培养的要求

大学大多还是采用传统的课堂授课，这就导致师生在课下的交流非常少，学生缺乏动手能力，学生的精力主要集中在理论知识的学习，不能把理论知识运用到实践中，对学科基础知识的综合运用能力还有待提高[4-6]。新工科建设背景下，对工程类专业大学生人才培养的要求发生了改变，主要要求如下：

① 实用性要求。学生在掌握好理论知识的同时，还要注重将理论和实践相结合，不能只会纸上谈兵，应灵活运用自己的理论知识，使其在实践中发挥重要作用。

② 交叉性要求。学生在掌握好自己专业课程的基础上，还要积极与其他相关专业构建联系，学会将知识融会贯通，在形成知识体系后遇到实际问题能更加全面地分析解决问题。

③ 综合性要求。学生要德智体美劳全面发展，一方面需要掌握好专业知识，另一方面应多加锻炼拥有良好的体格，还要在保持积极、乐观、向上的生活态度的同时能够拥有良好的品格，具有遇事灵活变通的能力。

8.2 基础实验对人才培养的要求

以基础化学实验为例，传统的大学化学实验包含四门实验课程，分别是有机化学实验、无机化学实验、分析化学实验和物理化学实验，即传统四大化学的相关理论和实验内容。目前，四大化学的每门实验课程单独开设，学时分散，不能紧跟对应的理论课程；另外，实验教学大都放在了基础操作、技能训练及验证实验上，导致学生动手能力和创新能力较为薄弱[7-9]。

基础化学实验作为工程类专业的专业基础必修课，是培养创新型综合高素质人才的重要组成部分。基础化学实验不仅是大学化学综合学习的基础，同时也是学习工程类专业知识的基础，所以在大学工程类专业化学实验教学中占据着重要地位。但是，传统基础化学实验在教学过程中存在诸多问题。比如学生生源不同、教学目标分散、教学地位和相应课时不匹配，学生的基础化学实验无法与理论课同步进行，无法调动学生的学习积极性；受学时限制，教学方法和教学过程单一，专业分散且教学资源有待增多，有的实验内容与学生所学专业知识脱节，导致学生无法用所学知识解决实际遇到的问题等。

针对上述问题，在当前新工科建设的背景下，通过不断优化、有机融合传统四大化学的课程特点，基础化学实验在实验内容、教学方法、教学手段等方面均发生极大的改革，使得实验项目具有更强的综合操作性。根据不同专业学生的不同背景开展探究性实验、创新性实验、验证性实验等不同类型、不同层次的选修实验项目，可以解决学生生源地不同带来的教学学情差异，增强学生的学习信心；同时，也可以充分满足学校培养人才因材施教的要求，为教学改革探索出一条行之有效的新路径。

在新工科背景下，基础实验对大学生的培养有如下要求：

① 理论知识要求。新工科背景下，根据学校高素质人才培养要求，工程类专业学生既要根据自身专业需要和基础化学实验能力的要求，依据设立的对应专业基础化学实验充分掌握实验教学体系，同时还要兼顾相应的理论知识体系。按照实验教学大纲的内容，保证学生能够根据自身专业需求和实验能力的要求，分阶段分层次学习。这是由于基础实验课程设置在大一第一学期，不同生源学生高中阶段的知识结构不一，学习背景、理解能力等都不同。学生应在实验前预习教材，结合理论知识写出完整的实验预习报告，明确实验目的、实验原理和实验步骤。教师应根据学生的预习报告，了解学生的学习基础，做到因材施教。既要保证教学目标的实现，又能充分照顾到不同学生学习水平的差异，这些对教师来说会是个极大的挑战[10, 11]。

② 逻辑能力要求。在实验过程中，要注重培养学生的逻辑思维能力。不要采用灌输式的方式让学生机械执行规定的实验步骤，这样很容易使学生的思维被限制，不能获得思维创新能力的提高。学生需要将已学理论知识为己所用，灵活变通。在实验过程中遇到不常见的问题时，要根据已学知识及脑海中所形成的思维导图，快速灵活地分析问题，培养良好的实验观察能力和思维创造力。

③ 实践能力要求。大学生大部分时间都是在课堂上接受知识，在实验室的时间极其不足，使大学生对基础实验的理解大都只停留在书本，导致学生的实践操作能力弱[12, 13]。在新工科背景下，基础实验对大学生实践能力的要求大大提高。高校在开展基础实验教学的过程中，还需要了解企业对人才的需求标准，多选择较强综合性的实验项目，大力培养学生的创新性和岗位适用性，增强校企的深度融合，把握人才培养方向。

④ 总结能力要求。总结是对已学知识的一种复习归纳。通过归纳总结，可以将肤浅、表面的感性认识上升到系统、全面的理性认识，加深对知识的理解，形成一套比较清晰的知识体系，利用简洁的语言、清晰的逻辑将实验的关键点和重难点描述出来，把复杂的实验过程变得浅显易懂。

8.3 基础实验对大学生创新能力的培养

我国《高等教育法》明确规定：高等教育的任务是培养具有创新精神和实践能力的高级专门人才。因此在大学生培养过程中，应采用知识、能力、素质三方面同步发展的培养模式，加强对大学生创新知识的传授，注意培养大学生的创新能力、实践能力以及严谨的科学态度，培养出具有创新精神和实践能力的高素质大学生。

在新工科背景下，基础实验对大学生创新能力的培养分为以下四个方面：

① 培养大学生对理论知识的掌握能力。教师在实验前要求学生充分预习，明确实验原理、实验内容和实验目的，并且在实验开始之前检查学生的预习情况，要求学生用自己的语言来概括实验过程，可以将此作为平时实验考核成绩的一部分，完成较佳的适当给予加分。教师讲授时可以理论联系实际，列举日常生活中碰到的相似问题，增加学生对实验内容的积极性和关注度，同时也可以达到举一反三的效果。实验过程中，教师还应该注意规范学生的操作，只有学会正确操作，逐步熟练掌握实验，才可以在原有基础上进行创新能力的提升。但是，很多学生受高中灌输式教学模式的影响，进入大学比较难适应主动式学习，导致学生对老师提出的课前预习要求不够重视。大多数学生只是简单地抄写一遍实验内容，等到老师课堂讲授和演示操作后，学生照搬书本步骤机械地完成实验。

② 培养大学生的逻辑思维能力。无论是在传授理论知识还是在讲述实验操作时，教师可以先导入问题，以启发式教学方式进行传授，促进学生对实验的思考，有助于提高学生的逻辑思维能力。在日常理论教学中也可以有意地引导学生对知识进行串联。在实验操作时不应一味照搬书上的实验步骤、操作，可以让学生在此基础上提出自己的想法；当想法不合适时不应全盘否定，应给出相应的建议，指出问题所在，引导学生朝着正确的目标前进。或者在课前预习后让学生自己设计另一个实验方案来完成实验项目，这样的过程需要学生独立查阅资料、改变实验条件，促进学生自主学习、自主探索和相互交流，由此达到培养学生逻辑思维能力、激发学习和动手兴趣、发散思维、扩大知识面的目的。

③ 培养大学生的实践能力。大学生接受知识大部分是在课堂上，所

以实践能力就相对薄弱一点。教师除了实验课上演示规范操作外,针对每一次实验课中的每一个基本操作都应该明确说明相应的操作要点或注意事项。在实验课堂上巡回检查时,应及时纠正学生在实验过程中出现的操作错误,对于普遍出现的错误操作,可以集中再一次进行示范操作讲解[14]。有些时候,教师在"小班化"的实验教学过程中,可以采用翻转课堂教学模式,让学生通过预习掌握知识要点,在课堂上自己演示认为比较重要的操作步骤或实验装置的安装,增强学生自主学习能力和实验动手能力[15]。另外,老师应该尽可能地增加学生进实验室的机会,让他们在自己动手的过程中提高自身的实践动手能力;课下还可以适当布置一些和生活相关的实践作业,以此培养学生的实践应用能力[16,17]。在实验平台相对不足的情况下,可以利用现代化的多媒体教学手段,建立虚拟仿真实验教学平台。学生利用虚拟仿真实验教学平台中的虚拟仿真实验库,在多次重复练习操作的情况下,实现虚实完美融合;教师根据平台后台记录,也可以更全面地掌握学生实验情况,有针对性地调整线下课程内容[3,18]。

④ 培养大学生的总结能力。在理论知识教学时,每章结束时可以让学生用简洁、概括性的语句,或者逻辑比较清晰的思维导图去概括,以培养学生的总结能力[19]。另外,每次基础实验后,学生应根据所学知识、实验操作和实验数据,借助软件作图,整理实验结果进行组内分析讨论,针对实验过程中出现的问题进行相应分析,最后总结实验经验,撰写一份完整的实验报告,这部分工作是整个实验的关键环节。实验老师根据学生的实验报告指出学生相对应的问题,同时针对具体的问题应该进行教学反思及完善教学方法,真正做到以学生为中心的教学。

作为教师,在基础实验课的教学过程中始终要坚持训练学生的基本技能、重视学生实验能力的提高、激发学生的创新意识,并不断改进实验教学方法,达到不断推动基础实验教学的发展的目的[20,21]。

综上所述,在新工科背景下,基础实验对大学生的要求,以及该如何对大学生进行基础实验创新能力的培养是教学改革需要重视的事情。教师是基础实验教学过程中的引导者,需要在讲授教学内容时立足学生实际,以多元化的课堂来引导学生主动参与,助力学生养成比较好的归纳总结的能力,为后续综合能力的提高奠定坚实基础;同时,教师也需要充分了解创新能力在基础实验中的重要性,在以后的教学中要更加注重创新能力的培养。在基础实验的教学过程中,应时刻注意加强对学生动手能力、学习能力、科研能力、协作能力的培养以及学习兴趣的激发等。应紧跟当前教学改革的大方向，通过利用基础化学实验的综合性特点，提高基础实验教学效果在工程类专业教学中的重要作用。

参考文献

[1] 路朝阳，赵宁，张志萍. 新工科建设背景下能源与动力工程类专业"四年制科创法"教学创新 [J]. 中国大学教学，2022 (Z1): 52-57.

[2] 吕海涛，曲宝涵. 农业院校化学类公共基础课程教学改革与探索 [J]. 化工高等教育，2021, 38(3): 45-48.

[3] 秦玉娇，赵琨，陶菲菲，等. 农科专业基础化学实验教学新模式研究 [J]. 化工设计通讯，2022, 48(3): 118-120.

[4] 梁小玉，刘小花，宋美荣，范彩铃. 对智能与传统"线上+线下"混合型模式助力分析化学教学的探索 [J]. 教育教学论坛，2020 (49): 292-294.

[5] 张志萍，潘晓慧，荆艳艳，等."热力发电厂"课程的线上教学模式改革的探索 [J]. 科技风，2020 (25): 39-40.

[6] 蒋丹萍，张志萍，荆艳艳，等. 网络教学环境下"燃烧学"课程设计研究 [J]. 科技创新导报，2020 (28):226-228.

[7] 肖旺钏，赵炎，李增富，等. 大学基础化学实验教学改革实践研究 [J]. 广东化工，2021, 48(24): 181-182.

[8] 俞远志，刘赫扬，张立庆."无机及分析化学实验"混合式教学改革与实践 [J]. 教育教学论坛，2022 (1): 46-49.

[9] 吴昕燕，王幼奇，杨帆，等. 环境科学专业"无机及分析化学"实验教学的改革与实践 [J]. 教育教学论坛，2020 (50): 148-149.

[10] 杭彩云，胡娜. 生源结构多元化背景下高职院校纺织专业创新型技能人才培养路径探讨 [J]. 纺织报告，2019 (5): 61-64.

[11] 吴舒红，梁冬. 生源多元化背景下微课在基础化学实验教学中的应用 [J]. 科教文汇，2022 (12): 65-67.

[12] 路朝阳，张志萍，荆艳艳. 高校网络教学在新冠肺炎疫情期间的发展 [J]. 教育教学论坛，2020 (43): 143-145.

[13] Lu C Y, Jiang D P, Zhang H, et al. Successful exploration of China's higher education teaching mode reform in COVID-19[J]. Journal of Educational Research and Policies, 2021, 3(9).

[14] 石斌，江泓. 基础化学实验的教学改革探讨 [J]. 科技风，2022 (19): 115-117.

[15] 孟庆喜，陈长宝，朱树华，等. 基础化学实验"小班化"教学的思考与尝试 [J]. 科技视界，2022 (15): 75-77.

[16] 路朝阳. 当代大学生就业现状研究 [J]. 科技视界，2020 (18): 214-215.

[17] 荆艳艳，张志萍，路朝阳，等. 新农科背景下农业工程学科教学改革方向与措施 [J]. 科技视界，2021 (14): 62-63.

[18] 赵建伟. 疫情防控背景下线上教学的优势和不足 [J]. 河南教育（教师教育）,2022(3): 40-41.

[19] Lu C Y, Zhang Z P, Jiang D P, et al. Role change of postgraduates in China's education system [J]. Journal of Higher Education Research, 2021, 2(3).

[20] 黎奕斌，李琳，路新卫.PBL 与翻转课堂相融合的基础化学实验教学设计与实践 [J]. 基础医学教育，2022, 24(10): 758-762.

[21] Liang X Y, Xie L X, Liu X H, et al. Influence of COVID-19 on university chemistry experiment teaching[J]. Journal of Educational Research and Policies, 2022, 9(4): 147-149.

第 9 章 四维度交融教学模式在工程类专业教学中的创新与实践

2017年，我国教育部推出了新工科建设，要求以社会需求为导向改革工程教育，培养更具实践能力、创新能力的高素质、复合型人才。如何在新工科建设大背景下抓住机遇，创新和改革高等院校工程类专业建设，为国家经济转型和社会发展提供强有力的人才和智力保障，是目前急需解决的问题[1]。因此，本章以燃烧学课程为例，提出"雇主、教师、学生、管理"四维度交融的"用-教-学-管"模式结合"基础层、实践层和创新层"三梯级的模块教学方式，来探索工程类专业教学中的创新和改革。打破传统的教师单一进行课程考核的模式；通过对课程的模块化阶段性的划分，以及其他三维度对人才要求条件的输入，使学生带着目的学习，努力提升自己的专业技能，以满足教师和学院各项考核指标，并实现对雇主高质量人才需求的匹配[2]。

9.1 改革目标及内容

9.1.1 改革目标

当前高校在培养高级应用型专门人才的背景下，需要实施"学以致用"的教学指导方针，对于高等农业院校的工科学生，以燃烧学课程为例，要想使学生真正掌握燃烧的基本理论，改进燃烧设备，提高能源利用率，分析有害排放物的生成机理和过程，避免不正常的燃烧现象，控制和降低有害排放物的生成，就要将课堂的理论教学与实验室的实践教学紧密结合[3]。通过采用四维度交融的教学方式，按照分阶段、递进式的教学改革思路，构建"阶梯式"的燃烧学教学模块，设计燃烧学教学与实践方案，建立燃烧学课程的梯级教学模块即基础层、实践层和创新层。通过这三层阶梯式的学习训练，最终使学生能够根据不同的燃料燃烧技术，及其相关的燃烧器技术、节能减排技术、燃烧计算方法等，完成高效燃烧器的设计、器件选择、组装、安装和调试（图9-1）。

第 9 章 四维度交融教学模式在工程类专业教学中的创新与实践

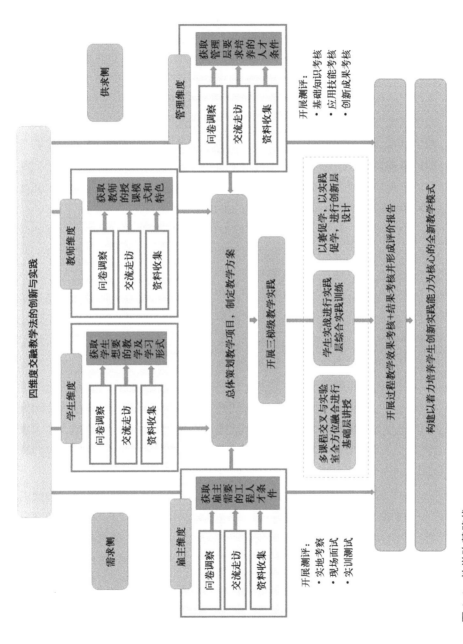

图 9-1 教学改革路线

9.1.2 改革内容

(1) 四维度交融的课程设计改革　经调研发现,当前的燃烧学课程设计是教师课堂讲授和简单实验相结合的模式,学生的参与度不高,对学生创新能力的培养不够,也不能满足日益变化的市场对人才的要求[4]。基于此,四维度交融教学模式立足于师生互动和教学过程的评价,增加学生自主学习的模块,以市场需求为导向进行动态实时课程设计。把燃烧学课程内容按照知识点分为三大块,组建成"基础层、实践层和创新层"三梯级教学方式,每一梯级的课程设计引入雇主维度、学生维度、教师维度和管理维度的需求,所涉及知识点致力于解决四维度的需求,并根据四维度需求的变化实时改变课程设计内容,真正做到紧随时代发展,培养市场高度匹配的工程人才。

(2) "基础层、实践层和创新层"三梯级教学方式的实施　在燃烧学课程进行的过程中,改变以往的课程教学和实验教学割裂的教学模式。基础层阶段的主要特点是课堂教学为主,实验室教学为辅,教师讲授一部分知识,学生再做实验,边学边做,淡化实验个数或实验时间概念。通过该阶段的学习使学生能够分清楚燃料的分类及各种燃料的定义、化学组成及燃烧计算方法。实践层阶段是在学生掌握了基础层的相关知识后开展的实训过程。该阶段要求学生走进实验室自己开展相关方向的实验,通过对气体、固体和液体燃料的燃烧实验,使学生能够自主改进燃烧设备,提高能源利用率。创新层阶段学生通过实训过程掌握了不同燃料燃烧的特点和原理以及各类燃烧器的特点,结合"碳中和"和"碳达峰"的政策,要求学生能够通过线上工具开展调研工作,分析有害排放物的生成机理和过程,避免不正常的燃烧现象,控制和降低有害排放物的生成。

(3) 课程各阶段考核方式的创新　四维度交融教学过程打破传统的"一考定终身"的卷纸考核方式,采取过程评价和结果评价相结合的考核方式,且决定学生成绩的不再仅仅是教师,而是雇主、教师和管理者组成的评价委员会。如在实践层的考核过程中,雇主、教师和管理者都要参与到学生成绩的评定中,他们会听取学生的报告,现场检测成果,最终给出一个综合成绩,然后换算成符合学校要求的成绩。这种考核方式既符合学生探求知识的规律,又能提高学生的学习兴趣,从根本上转变学生不重视实践教学的思想。

采用四维度交融的教学方法，使每个学生都可以带着其他三维度的需求进行理论学习和实验操作，提高学习的能动性，同时在实验过程中加深理论知识的理解和掌握，提高应用能力，很大程度上提高学生对于大学生创新项目和科技竞赛的信心，鼓励和引导学生围绕燃烧技术开展持续的钻研和探索。

9.2 实施方案

（1）发放调查问卷，初步获取四维度的需求　以新工科建设为背景，把工程人才的培养过程分为四个维度，即雇主维度，学生维度，教师维度和管理维度。其中雇主维度和学生维度归类为需求侧，教师维度和管理维度归类为供求侧，可根据供求侧和需求侧的不同性质开展相应的调查问卷。

（2）教师维度分析教学内容和确定教学目标　燃烧学是能源与动力类专业学生的一门专业必修课程，内容涵盖了流体力学、传热学、传质学、化学热力学和化学动力学等学科的知识。因此，在课程开始前，要首先对燃烧学以及其他相关课程内容进行梳理，避免知识的重复教学。

（3）学生维度开展创新实践训练　分析之前燃烧学的授课过程可知，整个教学过程是以教师的讲授为主，学生在课堂上被动听课，学生的代入感不足，热情不够，且整个教学过程学生一直处在教室这个相对静态的环境，不利于激发学生的创造热情。因此，要将教学模式从教师为主转变为学生为主。具体的创新实践训练设计过程如表9-1所示：

表9-1　创新实践训练安排细化表

第一阶段	获取雇主提出的要求 （例如：设计一款高效燃烧沼气的燃烧器）	难度值：★
第二阶段	网上查阅相关资料	难度值：★
第三阶段	学生分组开展设计（出设计图）	难度值：★★★★
第四阶段	制作成品	难度值：★★★★★
第五阶段	成品效果检测并分析其对节能减排的推动意义	难度值：★★★

雇主维度、教师维度和管理维度实时监控学生维度。教师在四维度交融教学法中起到承上启下的作用。教师结合雇主和管理者的需求开展定向课程设计，同时，带领和指引学生按照设定好的课程计划开展学习和实训。而在具体过程中，三维度要不同程度地参与到课程的教学过程中去，实时监控学生维度的进展。具体的监管方法如表 9-2 所示：

表 9-2 雇主维度、教师维度和管理维度对学生维度的监管方法

阶段	雇主维度	教师维度	管理维度
基础层阶段	参与度：★ 参与方式：线上参与课堂活动	参与度：★★★ 参与方式：全程参与课堂活动	参与度：★ 参与方式：听课，检查资料
实践层阶段	参与度：★★ 参与方式：提出实验内容，检验实验效果	参与度：★★ 参与方式：带领和启发实验，指导实验	参与度：★ 参与方式：巡视，登记成果
创新层阶段	参与度：★★★ 参与方式：提出所需燃烧器的性能，检验燃烧器的功效，评价实物，参加总结会	参与度：★★ 参与方式：组织学生，指导设计，提供帮助，主持总结会	参与度：★ 参与方式：收集资料，参加总结会
形成最终的考核报告（过程考核＋结果考核）			

9.3 实施过程

围绕四维度交融教学方法，具体实施过程主要包括以下环节：

（1）资料调查与统计　立足新工科建设背景，以问卷调查的形式，在雇主维度、学生维度、教师维度和管理维度对燃烧学课程的教学模式进行调查分析和资料收集，归纳出现有教学方式方法与课程内容、授课方式和学生体验感之间的相关关系，进行教学过程的总体策划，制定具体的阶段性教学方案。

（2）四维度交融教学法具体实施　将燃烧技术、能源测试技术、热力

发电厂等课程的课堂与实验室全方位融合教学，将燃烧学课程设计和分析分为若干子模块，促使学生根据理论教学进度进行逐步分析和实验。让学生自行组队，每队 7～8 人，以不同燃料的燃烧技术开展综合实践训练。让学生结合雇主给出的实验题目，结合自己在课程中所选的燃料燃烧技术，设计相应燃烧器的系统原理图和设计方案图，并定期开展线上线下的集中讨论分析，雇主、教师和管理者点评指导。

（3）教学效果评价　在期末考试环节设置设计分，以课程卷面考试成绩为考核方式，评价基础层实施效果。投入经费支持学生尝试基于设计图购买相关器材并安装调试，以雇主维度、教师维度和管理维度打分的方式，对实践层实施效果进行考核与验收。

（4）教学模式反馈调整　对四维度交融教学方式的试点班级与非试点班级三梯级的教学模式及教学效果进行问卷调查，收集师生对四维度交融教学方式的接受和认可程度等信息，并对学生燃烧器的设计进行分析，总结实施过程中存在的问题及收获的经验，修改完善实施方法，对前期四维度交融教学模式进行反馈调整，并应用于更多班级和课程。

（5）阶段总结　燃烧学课程各小组在完成任务后，教师组织总结会，以团队进行汇报，并邀请雇主、管理者以及行业内有经验的工程师和专家学者参与总结会。学生总结实训的进展情况、经验、收获和不足之处，工程师专家等指出不足之处和未来改进的建议。

综上所述，以"四维度、三梯级"的形式，将"燃烧学"课程的课堂教学、实践教学和市场需求进行了有机融合，转变了传统课堂教学和实践教学分离且与市场需求不匹配的教学方法。明确教师、学生和管理者的角色定位，能够更好地帮助学生，改变原有学习方法以提高效率。

参考文献

[1] 蒋丹萍，张志萍，荆艳艳，等. 网络教学环境下"燃烧学"课程设计研究 [J]. 科技创新导报，2020 (28): 226-228.

[2] 蒋丹萍，荆艳艳，张志萍，等. 浅谈"风能工程"线上教学 [J]. 科技创新导报，2020, 17(19): 221-223.

[3] 姚伟伟. 网络环境下的课堂教学模式的探索 [J]. 读与写（教育教学刊），2018, 15(6): 244.

[4] 孙众. 稳步迈入线上线下相融合的教学新常态 [J]. 中国小学数值化教学，2020 (6): 1.